KB206565

숨 쉴 때마다 평화로워라

PEACE IS EVERY BREATH: A Practice for Our Busy Lives
Copyright ©2011 by Unified Buddhist Church. All rights reserved

Korean translation copyright © 2023 by JEEYOUNGSA PUBLISHING CO.
Published by arrangement with HarperOne, an imprint of HarperCollins
Publishers through EYA Co.,Ltd

이 책의 한국어판 저작권은 EYA Co.,Ltd를 통해
HarperOne, an imprint of HarperCollins Publishers 사와 독점계약한
지영사에 있습니다. 저작권법에 의하여 한국 내에서 보호를 받는 저작물이므로
무단전재 및 복제를 금합니다.

숨
쉴 때마다 평화로워라

바쁜 일상을 위한 수행

peace is every breath

틱낫한 · 위소영 옮김

지영사

아침에 잠에서 깨어 나는 미소짓는다.

새로운 스물네 시간이 내 앞에 놓여있다.

모든 순간들을 충만하게 살아가리라 약속한다.

그리고 모든 살아있는 것들을 연민의 눈으로 바라보리라.

●차례

지은이의 말

●

불교연구소에서 공부하던 젊은 승려였을 때, 나는 우리가 공부하는 붓다의 가르침이 어떻게 실제 생활에 적용될 수 있을지 늘 질문했다. 가르침에 대한 올바른 실천이 나와 내 주변의 다른 사람들, 그리고 내 조국을 도울 수 있을 것이라고 확신했기 때문이다. '응용 불교^{applied Buddhism}'를 배우고자 하는 열망은 진심이었고 매우 강력했으나 그 당시에는 그런 표현은 사용조차 되지 않았던 때였다. 그때 우리가 배웠던 불교의 가르침과 수행방법은 나처럼 젊은 청년들이 실천에 옮기기에는 어려웠다. 하나는 가르침에 쓰인 언어 때문이었고, 다른 하나는 현대사회의 사람들이 경험하고 있는 고통과 어려움에 대해서 직접 다루고 있지 않았기 때문이었다.

우리는 가난과 사회적 불의, 불평등 그리고 조국의 독립이라는 난제들을 다룰 수 있는 구체적인 실천이 필요했다. 중

세시대에 불교의 가르침은 나의 조국 베트남과 민중들에게 매우 성공적인 기여를 했다. 그러나 그 가르침이 현대에 와서 새롭게 변신하지 못한다면, 우리 사회가 계속 나아지도록 고무시킬 수 없을 수도 있었다. 그래서 수행자인 우리들에겐 불교를 새롭게 하는 것이 하나의 도전이었다.

젊은 시절 내가 지도법사가 됐을 때, 나는 나와 같은 젊은 세대들이 쉽게 이해할 수 있는 언어로 불교를 전달하고자 노력했다. 또한 그들의 고통을 덜어주며 자신들의 행복을 위하는 한편 다른 이들을 도울 수 있게끔 스스로의 기쁨과 평화를 누릴 수 있도록 수행을 이끌었다. 실제로 나와 젊은 학인들은 그런 수행이 가능한, 일종의 살아 움직이는 실험실로 스스로를 완전히 탈바꿈시켰다.

초창기인 1960년대와 1970년대에 우리는 '참여불교Engaged Buddhism'를 제시했고, 젊은 세대들과 승려와 재가자들이 함께 시골에 사는 민중들의 삶의 질을 향상시키기 위해 일하는 조직을 만들었다. 사회봉사청년학교SYSS를 출범시켜서 그 지역민들의 건강과 교육, 지역의 경제와 개발을 돕기 위해 젊은 승려들과 재가자들을 훈련시켰다. 또한 평화와 화해를 추진시키기 위해서 노력했다. 그것은 매우 어렵고 위험한 일이었다. 끔찍한 전쟁의 한가운데에서 진행되고 있었기 때문이다. 수많은 스승과 학생들이 살해당했다.

1974년 나는 사회봉사청년학교 학생들을 위한 명상수행 설명서인 『틱낫한 명상』을 썼다. 사회봉사자들이 마음챙김 수행으로 평화와 스스로를 성장시키고 불신과 폭력이 난무하는 상황 속에서 봉사를 계속할 수 있기를 바라는 마음으로 이 책을 썼다. 이 책은 열렬한 호응 속에 삼십오 년 이상 수많은 언어로 번역되어 읽는 이들의 마음에 안겼다. 1991년 우리는 『모든 발걸음마다 평화』를 출판했다. 일련의 매우 짧은 장들을 특징으로 하는 이 책은 마음챙김과 평화를 일상의 다양한 측면으로 끌어오는 것에 대한 책이다. 이것은 『틱낫한 명상』보다 훨씬 더 큰 인기를 얻었다.

이 책, 『숨 쉴 때마다 평화로워라Peace is Every Breath』는 작은 책이라는 점에서 『틱낫한 명상』과 『모든 발걸음마다 평화』의 연장선에 있다. 읽기 쉽고 수행에 옮기기에 매우 쉬운 책이다. 나는 당신이 매우 바쁜 스케줄 속에서 살고 있다 할지라도 매일, 여러 번 진정한 평화와 기쁨에 접속할 수 있음을 자신 있게 말할 수 있다. 이 책이 당신의 동반자가 될 수 있도록 마음을 활짝 열고, 부디 더 행복하게 살아가시기를! 지금 시작이다.

●

우리 모두는 살아가면서 영적 차원을 향할 필요가 있습니다. 영적 수행이 필요한 것이지요. 만일 그 수행이 규칙적이고 견고하게 행해진다면 우리는 두려움과 화 그리고 절망을 완전히 탈바꿈시켜서 일상에서 부딪히는 모든 난관들을 극복할 수 있게 될 것입니다.

이 영적 수행을 하루 중 어느 때나 실행할 수 있다는 것은 정말 다행스러운 일이 아닐 수 없습니다. **영적 수행**을 한다라고 거창하게 드러내고 특정한 시간을 따로 떼어 요란을 떨필요가 없는 것이지요. 우리가 마음챙김과 집중의 에너지를 함양할 때 영적 수행은 어떤 순간이든 거기에 자리할 수 있습니다.

당신이 무슨 일을 하든지 충만한 현존과 마음챙김 그리고 집중을 통해서 그 일을 선택할 수 있고, 그러한 당신의 행동은 그대로 영적 수행이 됩니다. 마음챙김 안에서 숨을 들이쉬면 바로 지금, 여기에 당신은 분명하게 존재하게 됩니다. 온전하고 생생하게 살아있음을 느끼면서 숨을 들이쉬는 것이 곧 영적 수행입니다. 우리 모두는 마음챙김 안에서 숨을 쉴 수 있는 능력을 가지고 있습니다. 숨을 들이쉬면서 내가 숨을 쉬고 있다는 것을 알아차립니다. 이것이 마음챙김 호흡입니다.

마음챙김 호흡 수행은 아주 단순합니다. 그러나 그 효과는 대단히 클 수 있습니다. 숨을 들이쉬는 것에 집중하면서 우리는 과거와 미래 그리고 우리의 모든 계획들을 놓아 버립니다. 우리는 그 호흡과 함께 존재합니다. 마음은 몸으로 돌아오고 진정으로 우리는 지금 여기에 존재하게 됩니다. 우리는 현재라는 집에 있습니다. 단지 한 번의 들숨과 날숨이 우리를 완전하게 현재에 있게 하고, 생생하게 살아있게 하며, 마음챙김의 에너지가 우리 안에 자리하게 합니다. 마음챙김은 우리가 바로 지금, 여기에 완전하고 생생하게 살 수 있도록 해주는 에너지입니다.

만일 우리가 자기 자신을 향해 걸어가면서 몸이 어떤 긴장이나 고통을 느낀다면, 그것에 대해 우리에게 알려주는 것이 바로 마음챙김입니다. 우리의 몸과 느낌과 생각 그리고 주변 환경속에서, 현재 무슨 일이 일어나고 있는지 알 수 있도록 우리를 되돌려 놓는 것이 마음챙김입니다. 이것은 우리의 내면과 주변에서 어떤 일이 일어나고 있는지 자각하게 하고, 몸과 마음이 지금, 여기에 완전히 함께 존재할 수 있게 합니다. 어떤 것에 마음을 깊이 기울일 때, 우리는 그것에 집중하게 되는 것이죠.

　마음챙김과 집중은 영적 수행의 가장 핵심적인 에너지입니다. 우리는 마음챙김 상태로 차를 마시고, 아침밥을 짓고, 샤워를 할 수 있으며, 이 모든 것은 영적 수행이고, 우리의 일상이나 세상 속에서 일어날 수 있는 많은 어려운 일들을 다룰 수 있는 힘을 주기도 합니다.

　당신이 어디에 있든지, 어떤 긴장이나 이완 또는 고통이 함께 있을지라도, 단지 당신의 몸을 알아차린다면 당신은 이미 어느 정도의 이해와 자각 그리고 앎, 즉 깨달음을 성취한 것입니다. 몸의 어떤 긴장이나 고통을 감지하면 그것을 완화시키는 데 도움이 되는 무언가를 당신은 하고 싶을 것입니다. 숨을 들이쉬고 내쉴 때 우리는 자신에게 이렇게 말할 수 있습니다. "숨을 들이쉬며 나는 내 몸의 긴장과 고통을 알아차립니다. 숨을 내쉬며 나는 내 몸의 긴장과 고통이 완화되도록 합니다." 이것이 몸에 대한 마음챙김 수행입니다.

그래서 영적 수행은 우리 모두에게 가능한 일입니다. "나는 너무 바빠서 명상을 할 시간이 없어요."라고 당신은 말할 수 없을 테니까요. 정말 그럴 수 없죠. 이 건물에서 저 건물까지, 주차장에서 사무실까지 걸으면서 당신은 언제나 즐겁게 마음챙김과 함께 걸을 수 있고, 당신의 발걸음 하나하나 모두 깊이 느끼면서 걸을 수 있습니다. 마음챙김과 함께 하는 하나하나의 발걸음은 몸의 긴장을 완화시켜줄 수 있고, 느낌의 긴장을 누그러뜨려줄 수 있으며, 치유와 기쁨 그리고 변화를 가져다줄 수도 있습니다.

당신은 많은 일을 하고 있고 그 일을 좋아합니다. 재미있고 생산적인 일을 즐기는 것이죠. 그러나 지나치게 많은 일을 하다 보면 지치게 됩니다. 당신은 명상수행을 원하게 되고, 그래서 조금은 더 긴장을 풀고 평화와 행복과 기쁨을 갖게 될 수도 있습니다. 그러나 매일 명상수행을 할 시간이 없습니다. 그것이 당신의 딜레마죠. 어떻게 해야 할까요? 이 책이 바로 답입니다.

every
moment
is a gift
of life

매일 아침 일어나며

●

아침에 일어나자마자 미소 지을 수 있습니다. 그것은 깨달음의 미소지요. 새로운 하루가 시작되고 새로운 이름의 스물네 시간이 주어진다는 것을 아는 것입니다. 그리고 그것은 당신에게 가장 소중한 선물입니다. 아래의 시를 자신을 위해 낭송해 보세요. 조용하게 또는 소리를 내서 말이죠.

아침에 깨어, 나는 미소 짓습니다.
새로운 스물네 시간이 내 앞에 펼쳐져 있어요.
매 순간 충만하게 살기로
그리고 연민의 눈으로 모든 살아있는 것들을 바라보기로
　약속합니다.

당신은 팔과 다리를 편안하게 늘어뜨린 채로 침대 위에 누워 이 시를 낭송하고 싶을 수도 있습니다. 숨을 들이쉬면서 첫 번째 줄을 읊고 숨을 내쉬면서 두 번째 줄을 노래해 보세요. 이렇게 세 번째, 네 번째 줄을 노래해 보세요. 그러면 당신은 미소 띤 얼굴로 슬리퍼를 신고 욕실을 향해 발걸음을 떼고 있을 것입니다.

물을 틀고, 세수하며

●

만일 당신이 하고 있는 모든 일에 어떻게 알아차림의 빛이 비춰지는지 안다면, 세수를 하는 동안, 양치질을 하는 동안, 머리를 빗는 동안, 면도를 하는 동안, 샤워를 하는 동안 충만한 행복감을 느낄 수 있습니다. 예를 들어, 수도꼭지를 틀었을 때 흘러나오는 물을 만지고 느끼면서 즐거움을 누릴 수 있고, 그 물이 어디서부터 오는지를 생각해 볼 수도 있죠. 아래의 시를 낭송해 보세요.

높은 산에서 여정을 시작한 물은
깊은 땅 속으로 흐르지요.
그리고 기적처럼 우리에게로 옵니다.
나는 감사함으로 가득 차오릅니다.

이 시는 물이 그 출발점에서부터 당신의 욕실까지 가 닿는 전체 여정을 인식하는데 도움이 될 것입니다. 이것은 명상입니다. 그리고 단순히 수도꼭지를 틀어서 흐르는 물을 사용할 수 있는 것이 얼마나 다행스러운 일인지도 알게 합니다. 이러한 알아차림은 당신에게 행복감을 가져다줄 수 있습니다. 이것이 마음챙김입니다.

마음챙김은 집중입니다. 이것은 매 순간 어떤 일이 일어나고 있는지 알아차리는 능력입니다. 무슨 일이 일어나고 있나요? 당신은 수도꼭지를 틀고 물은 당신을 향해 흘러 내리고 있지요. 프랑스 플럼 빌리지Plum Village에서는 가끔씩 단수될 때가 있습니다. 그때마다 우리는 물이 안 나올 때 얼마나 곤란을 겪는지, 물이 나오면 얼마나 좋은지를 떠올립니다. 우리는 단지 고통의 시간들을 기억하는 것만으로도 지금의 행복을 알아차릴 수 있습니다.

나는 언제나 물을 천천히 틀고 두 손을 모아 깨끗하고 차가운 물을 받는 것을 좋아합니다. 그리고 두 눈에 그 물을 끼얹죠. 이곳 프랑스는 겨울에 물이 아주 차갑습니다. 그 차가운 물이 내 손가락과 눈과 뺨에 닿는 느낌은 정말 신선합니다. 그것이 온전히 당신에게 스며들도록 부디 현재에 존재하십시오. 그 느낌이 당신을 깨울 수 있기를 바랍니다. 그 안에서 기쁘시기를 바랍니다. 당신은 물이라는 선물을 소중히 여기는 방법을 알고, 어떻게 감사의 마음을 키울 수 있는지 알기 때문에 행복합니다.

얼굴을 씻기 위해서 세면대에 물을 받을 때도 같습니다. 모든 움직임을 알아차리고 다른 것들에 대한 생각을 멈추세요. 이 순간 당신에게 가장 중요한 것은 모든 움직임 속에서 기쁨을 느껴보는 것입니다. 빨리 끝내고 다른 것을 하기 위해 가려고 서두르지 마세요. 이것은 명상입니다! 명상은 매 순간 진정한 당신의 존재를 느끼도록 합니다. 그것은 매 순간이 하늘과 이 지구로부터의 선물이라는, 삶의 선물이라는 것을 분명하게 인식하는 능력입니다. 선禪에서 이것은 '명상의 기쁨'이라고 알려져 있습니다.

양치질하며

●

자, 여기 당신에게 도전 과제가 하나 있습니다. 양치질을 일
분에서 이 분 정도 할 것입니다. 그 짧은 시간에 당신이 정말
로 행복하다고 느끼기 위해서는 어떻게 해야 할까요? 서두르
지 않는 것입니다. 최대한 빠르게 양치질을 끝내겠다고 애쓰
지 마세요. 양치질에 주의를 완전히 집중해 보세요.

　양치질을 할 시간이 있습니다. 칫솔도 있고 치약도 있고 양
치질할 이빨도 있습니다. 저는 팔십사 세이고 양치질을 할 때
마다 언제나 행복합니다. 아시다시피 제 나이에 양치질할 이빨
을 모두 가지고 있다는 것은 놀라운 일이 아닐 수 없죠. 그래
서 도전 과제는 일 분에서 이 분 동안 편안하고 행복한 마음
가짐으로 양치질하는 것입니다. 만일 당신이 그것을 할 수 있
다면 성공입니다. 바로 그 자리에서 명상을 한 것이니까요.

　여기 양치질 하는 동안 노래할 수 있는 시가 있습니다.

이빨을 닦고 입 안을 깨끗하게 하면서
나는 순수하고 사랑스럽게 말할 것을 약속합니다.
바른 말로 나의 입 안에 향기가 돌 때
내 마음의 정원에는 꽃이 피어납니다.

이 시는 지금, 이 순간 무슨 일이 일어나고 있는지 우리가
알아차릴 수 있게 합니다. 시를 읊조리는 그 자체에 우리는
사로잡히지 않습니다. 이미 마음챙김과 집중을 하고 있다면,
어떻게 현재, 이 순간을 평화롭게 살고 있는지 정말로 알고
있다면, 이 시들을 노래하지 않아도 우린 그저 행복할 수 있
을 테니까요.

샤워하고 옷을 입으며

●

우리는 양치질을 할 때처럼 샤워나 면도를 할 때, 머리를 빗거나 옷을 입을 때도 수행할 수 있습니다. 무엇을 하고 있는지 그 순간에 집중하는 것이지요. 자신의 행복을 위해 가볍고 여유로운 태도로 합니다. 그리고 그 순간에, 세수하고 면도하고 머리를 빗는 그 행위가 우리 삶에서 꼭 필요한 가장 중요한 일이라는 것을 알게 됩니다. 당신을 과거나 미래로 데려가거나 걱정과 슬픔, 화의 덫에 빠지게 하는 습관적인 생각을 멈추세요.

이런 식으로 단순한 마음챙김 수행을 사흘만 한다면 당신은 진전을 보게 될 것입니다. 이는 악기를 연주한다거나 노래를 한다거나 탁구를 칠 때와도 같습니다. 자유로움 속에서 일상의 모든 순간을 깊이 있게 사는 수행을 하세요. 만일 그것이 당신이 정말로 원하는 것이라면 과거와 미래 그리고 모든 걱정을 다 놓아버리고 지금, 이 순간으로 돌아오세요.

앉아있기 그리고 호흡하기

●

어떤 사람들은 앉아있기 수행을 합니다. 30분, 45분 또는 그 이상을. 제가 당신에게 2분에서 3분 정도 앉아있기를 해보라고 요청해 보겠습니다. 그런 다음, 당신이 만일 앉아있기 수행이 너무 즐거워서 멈출 수가 없다면 원하는 만큼 오래 앉아있어도 됩니다.

만일 당신의 집에 제단이 있다면, 그 앞에 앉아도 됩니다. 그게 아니면 적당한 자리를 찾아 앉아 보세요. 가령 바깥이 보이는 창문 앞에 앉는 것도 괜찮습니다. 방석 위에 앉아 다리를 편안하게 가부좌하고 무릎은 바닥에 붙이세요. 이것은 세 개의 지지점(방석 위에 앉은 자리와 두 개의 무릎)으로 당신에게 매우 안정된 자세를 유지하도록 합니다. 편안하고 흔들림 없는 자세로 앉는다면 당신은 다리에 감각이 없어지는 일 없이 오랫동안 앉아있을 수 있습니다. 자신의 몸에 가장 알맞은 방석을 찾을 때까지 폭과 높이가 다른 이런저런 방석에 앉아 보는 것도 해보세요.

당신이 원한다면 신성한 분위기를 위해 한 개의 향을 피워 보세요. 차분하게 손으로 향을 잡고 그것에 불을 붙이고 향 꽂이에 꽂을 때 온 존재에 집중하세요. 마음챙김과 오롯한 집중으로 향을 켜세요. 그 향을 켤 때 당신의 온 존재가 거기에 있고 그 순간 충만합니다.

앉아있는 동안 등과 목이 일직선이 되게 하되 경직되거나 긴장하지는 않도록 하세요. 호흡이 당신의 배와 가슴으로 들어갈 때와 나갈 때 주의를 집중하세요.

숨을 들이쉬며, 배와 가슴으로 들어오는 나의 숨을 느낀다.
숨을 내쉬며, 배와 가슴에서 흘러나오는 나의 숨을 느낀다.
숨을 들이쉬며, 나의 온 몸을 알아차린다.
숨을 내쉬며, 나의 온 몸을 향해 미소짓는다.
숨을 들이쉬며, 내 몸에 있는 어떤 고통이나 긴장을
　알아차린다.
숨을 내쉬며, 내 몸에 있는 모든 고통과 긴장을 풀어준다.

숨을 들이쉬며, 나는 기분이 좋다.
숨을 내쉬며, 나는 편안함을 느낀다.

당신이 탁 터진 광대한 느낌과 느긋함 그리고 상쾌한 기분
을 되찾고자 한다면 일할 때나 어느 때라도 이 시를 여러 번
반복하면서 수행해 보세요.

아침 밥을 준비하며

●

아침 밥을 준비하는 것 또한 명상수행입니다. 물을 끓입니다. 차나 커피 한 잔을 만들기 위해서죠. 한 그릇의 오트밀을 준비하고, 빵을 굽고, 과일을 자르고, 테이블을 세팅합니다. 이 모든 동작으로 마음챙김을 할 수 있습니다. 마음챙김을 하면서 이런 것들을 한다는 것은 지금, 이 순간 어떤 일이 일어나고 있는지 그리고 당신이 무엇을 하고 있는지에 대한 분명한 인식 상태에서 모든 행동을 한다는 것을 의미합니다. 그리고 그것을 할 때 행복하다고 느끼게 되는 것을 말합니다. 마음챙김은 지금, 여기에서 무슨 일이 일어나고 있는지에 대한 자각의 빛을 비추는 일종의 정신 능력입니다. 마음챙김은 명상수행의 핵심입니다.

한 잔의 커피를 준비할 때, 당신은 내가 한 잔의 커피를 준비하고 있구나 하는 것을 충분히 알아차릴 수 있습니다. 과거를 떠올리지 않고 미래를 생각하지 않으면서 지금 여기에서 커피를 만들고 있는 그 행동에 당신의 마음은 완전히 몰입하고 있습니다. 당신의 마음은 마음을 잘 바라보고 있습니다.

마음챙김은 우리가 일상의 매 순간을 깊이 있게 살 수 있도록 도와줍니다. 우리는 모두 마음챙김을 위한 능력을 갖추고 있으나, 그것을 어떻게 실천할 수 있을지 아는 사람들은 마음챙김으로 생기는 더 강한 에너지를 발전시킬 수 있으며 지금, 여기에서 평화롭게 살아갈 수 있는 더 큰 능력을 만들어 갈 수 있습니다.

당신은 아주 즐거운 마음으로 아침을 준비하는 시간을 명상의 시간으로 바꿀 수 있습니다. 만일 가족 중 누군가 또는 다른 사람이 이미 부엌에서 아침 밥을 준비하고 있다면, 그를 도우면서 함께 할 수 있습니다. 마음챙김 안에서 함께 일하고 지금, 여기에서 살아가는 수행을 하면서 당신은 아침을 준비하는 시간을 기쁨의 시간으로 바꿀 수 있습니다.

아침 밥을 먹으며

●

아침 식사 시간이 편안하고 조용한 행복의 시간이 되도록 하세요. 신문도 읽지 말고 텔레비전도 켜지 말고 라디오도 듣지 마세요. 기분 좋게 앉아서 식탁 위에 놓인 음식을 바라봅니다. 당신과 함께 앉아있는 사람들을 바라보면서 숨을 쉬고, 가벼운 인사와 감사의 마음으로 미소 지어 보세요.

식탁에 함께 앉아있는 사람들에게 몇 마디 말을 건넬 수도 있습니다. 예를 들어, "아침 식사 시간에 엄마가 여기 앉아있어서 정말 좋아요!" 또는 "오늘 날씨가 정말 좋은데요, 아빠, 밖에 나가 해먹에 누워 있기로 한 것 기억하시죠?" 또는 "여보, 오늘 일을 조금 일찍 끝내고 와서 당신이 저녁 식사 준비하는 걸 도울게요." 이런 말들은 당신이 사랑하는 사람들의 현존, 그 소중한 현존에 대하여 감사하는 표현입니다. 그것들은 마음챙김 수행 중 하나입니다. 아침 식사 시간

동안의 이런 대화들이 당신과 당신이 사랑하는 사람들에게 행복의 수많은 조건들을 깨닫게 하고 소중하게 여길 수 있도록 이끌어 줍니다. 식사 후 식탁을 닦고 설거지하는 것도 하루 일과를 시작하기 전 당신의 기쁨이 될 수 있습니다.

부정적인 습관 다루기

●

우리에겐 끊임없이 반복되는 부정적인 정신의 습관들이 있습니다. 그 중 우리가 알아차려야 할 가장 중요한 부정적 습관은 마음이 끊임없이 미래로 달아나도록 허용하는 것입니다. 아마도 우리는 부모로부터 이것을 물려받은 것 같습니다. 온갖 걱정에 휘말려 현재를 충만하고 행복하게 살지 못합니다. 아직은 진정으로 행복할 수 없다고 마음속 깊이 믿고 있습니다. 진정으로 삶을 즐기기 전에 아직 점검해야 할 목록들이 더 있다고 생각합니다. 우리는 추측하고 꿈꾸고 전략을 짜고 계획을 세웁니다, 미래의 행복의 조건들을 위하여. 그리고 심지어 잠을 자는 동안에도 계속해서 미래를 쫓습니다. 그 미래가 어떻게 제 모습을 드러낼지 모르기 때문에 더 많은 두려움이 있을 수 있고 이런 걱정과 불안은 우리가 지금, 여기에서 즐겁게 사는 것을 방해합니다.

dear habit energy
i see you !

지금, 여기의 명상수행은 **당신의 마음을 현재로 되돌려 놓고** 당신이 과거로 향할 때마다 그 습관을 알아차리게 합니다. 당신은 그저 호흡에 집중하고 그 습관의 에너지를 향해 미소 지으면 됩니다. "아, 내가 또 그것에 끌려갔구나." 이런 식으로 습관의 에너지를 알아차릴 수 있을 때 그것들은 당신을 잡고 있는 힘을 잃고, 당신은 지금, 여기에서 평화롭고 행복하게 살기 위해 다시 자유로울 수 있게 됩니다.

　처음 이 수행을 시작할 때, 하루에도 몇 번씩 이 습관을 쫓아가는 당신 자신을 붙잡아야 할 것입니다. 현재를 행복하게 사는 것은 또 다른 종류의 습관입니다. 좋은 습관입니다. 새로운 긍정의 습관을 기르기 위해선 약간의 훈련이 필요합니다. 양치질을 하면서, 머리를 감으면서, 옷을 입으면서, 걸으면서, 운전하면서, 당신이 하는 일에 완전히 집중해 보세요. 그리고 바로 그 순간의 평화와 기쁨을 찾아보세요. 의식적인 호흡을 훈련할 때 습관을 알아채는 능력은 더 커지고, 그것을 할 때마다 당신을 지금, 여기로부터 끌고 나오는 부정적 습관의 힘이 사라집니다. 이는 당신의 해방과 진정한 자유와 진짜 행복의 시작입니다.

이 명상수행은 '단순한(또는 있는 그대로의) 알아차림'이라고 알려져 있습니다. "사랑하는 습관의 에너지여, 나는 당신을 봅니다. 나는 당신이 나타나고 있는 것을 알고 있습니다." 그 것과 싸울 필요는 없습니다. 그리고 억누를 필요도 없어요. 오로지 알아차리면 됩니다. 마음챙김은 부정적인 습관의 에 너지가 올라오는 것을 포함해 어떤 일이 일어나든지 알아차 릴 수 있는 에너지입니다.

you are free
to be here

과거의 감옥으로부터 탈출하기

●

어떤 사람들은 과거에 대한 생각과 기억에 사로잡혀 있습니다. 자신들이 지니고 있는 슬픔과 회한, 불만족 그리고 기억을 곱씹는 것은 스스로 고통스러운 과거 안에서 종신형을 살도록 하는 것이죠. 그들은 지금, 여기에서 살 수 없고 자유로운 인간으로도 살 수 없습니다. 실제 상황은 과거는 지나갔다는 것입니다. 지금 남겨진 모든 것은 우리의 의식 깊은 곳에서 어른거리는 이미지와 느낌입니다. 그러나 과거의 이 모든 이미지들은 계속해서 우리에게 나타나서 앞을 가로막고, 그렇지 않으면 현재의 행동에 영향을 미쳐 우리가 정말로 원치 않는 것들을 말하고 행하도록 합니다. 우리는 모든 자유를 잃어버리게 되는 것이죠.

마음챙김 호흡은 과거에 우리가 견뎌내야만 했던 학대와 위협, 고통이 **지금은 일어나고 있지 않다**는 것과 지금, 여기에서 안전하게 머무를 수 있다는 것을 분명하게 보도록 합니다. 마음챙김 호흡을 하면서 우리는 이런 기억 속 영상의 사건들이 실제가 아니라는 것을 알게 되고, 그것(실제가 아니라는)을 잊지 않는 것이 과거 기억의 힘을 제거하는 것임을 알아차리게 됩니다.

이것은 마치 당신이 비행기를 타고 있을 때와 같습니다. 심한 난기류를 만날 때마다 안전벨트는 당신이 기내에서 이리저리 흔들리는 것을 막아 줍니다. 마음챙김 호흡은 일상의 안전벨트입니다. 그것은 지금, 여기에서 당신이 안전할 수 있도록 지켜줍니다. 만일 당신이 어떻게 호흡하고 어떻게 차분하고 조용하게 앉아있고 어떻게 걷기명상을 하는지를 안다면, 당신은 안전벨트를 가지게 되어 언제나 안전할 수 있게 됩니다. 자유롭게 지금, 여기 존재하고, 삶과 접속하며, 이미 지나가버린 고통스러운 일들로 지배받지 않게 됩니다.

만일 과거에 비인간적인 대우나 학대 아니면 다른 고통을 받았다면 당신은 수행의 방법을 알아야 합니다. 그러면 비록 과거에 그런 일들이 있었더라도 지금은 안전하다는 것을 인지하게 되고, 더 이상 어떤 위험에도 처해 있지 않다는 것을 알게 됩니다. 과거의 유령이 무엇이었는지 알게 되면서 당신은 그것들이 실제가 아니라는 것을 직접 알게 되고 과거의 감옥으로부터 자유롭게 됩니다. 마음챙김과 함께 몇 주 동안 당신의 일을 하면서 호흡과 걷기, 앉아있기를 수행한다면, 당신은 이것을 성공할 수 있을 것이고, 그 오래된 트라우마가 더 이상 당신을 괴롭히지 않을 것입니다.

걷기 명상

●

걷기 명상은 매 순간 우리가 현재에 머물 수 있도록 도와주는 훌륭한 명상입니다. 자각 속에서 걷는 모든 발걸음은 지금, 여기에 있는 삶의 경이와 만나게 해주고 바로 눈앞의 현실에 도움이 됩니다. 인도, 기차 플랫폼 또는 강둑을 따라 평상시처럼 걸을 때, 당신의 발걸음과 호흡을 맞춰보세요. 숨을 들이쉴 때 한 발자국을 떼고 생각합니다, "나는 도착했다. 집이다."

'도착했다'는 의미는 **내가 원하는 곳에 삶과 함께 이미 존재한다, 어디로든 허겁지겁 내달릴 필요가 없다, 그리고 어떤 것을 더 찾기 위해 가야 할 필요가 없다는 것을 말합니다. '집이다'는 지금, 여기 삶이 있는 진정한 나의 집에 돌아왔다는 의미입니다.** 오직 이 순간만이 실제입니다. 과거와 미래는 우리를 후회와 고통과 걱정과 두려움으로 끌어들이는 유령일 뿐입니다. 만일 당신이 지금, 여기로 당신의 발걸음을 돌려놓는다면 그런 유령들은 당신에게 더 이상 어떤 힘도 행사하지 못할 겁니다.

숨을 내쉬면서 세 걸음을 떼고 자신에게 계속 말해 보세요. "나는 도착했다. 집이다." 당신은 진정한 집에 도착했고 거기엔 당신을 위한 삶의 경이로움이 있습니다. 더 많은 어떤 것을 찾기 위해 헤맬 필요가 없어요. 달리고 있는 것을 멈춥니다. 선禪에서는 이것을 **사마타 명상**이라 부르고, 그 의미는 '멈춤'입니다. 당신이 멈출 수 있을 때 당신 안에 있는 부모와 조부모 그리고 모든 선조들이 멈출 수 있습니다. 당신이 자유로운 인간으로 한 걸음을 뗄 때 당신 몸의 모든 세포 안에 존재하는 선조들도 자유롭게 걸을 수 있습니다. 당신이 달리는 것을 멈추고 모든 발걸음을 그처럼 자유롭게 뗄 수 있다면, 그것은 당신의 부모와 선조들에게 가장 진실하고 분명한 사랑, 신뢰 그리고 헌신을 표현하는 것입니다.

지금, 여기에,
도착했습니다, 집입니다.

나는 단단하고, 자유롭습니다.
궁극의 자리에 나는 살고 있습니다.

이 명상시는 지금, 여기에서 단단하게 살 수 있는 영감을 줍니다. 이 말들을 명심하세요. 그러면 계단을 오를 때 난간을 꼭 붙잡고 오르는 것처럼, 그래서 넘어지지 않는 것처럼, 지금, 여기에서 단단하게 당신의 존재를 확립하게 됩니다.

"지금, 여기에서"는 **삶**의 주소입니다. 그것은 우리가 돌아오는 진정한 집이고 평화와 안전과 행복을 느끼는 곳이며 우리 선조들과 친구들 그리고 후손들과 연결될 수 있는 곳입니다. 명상수행은 우리가 계속해서 지금, 여기로 돌아오도록 하는 것입니다. 모든 발걸음은 우리를 지금, 여기의 삶으로 돌아오도록 합니다.

천천히 걷기 명상을 수행해 보세요. 그리고 스스로 잘 보세요. 당신이 호흡을 들이쉴 때, 한 발자국 내딛고 이렇게 말합니다. "나는 도착했다." 우리는 호흡하고 발걸음을 뗄 때 몸과 마음에 완전히 집중해야만 합니다. 그래야 '도착했

each
step
brings you
back to
life

다'라고, '집이다'라고 말할 수 있습니다. 만일 당신의 마음챙김과 집중이 견고하다면, 당신은 어디에 있든지 집에 안전하게 도착할 수 있고 머무를 수 있습니다.

백 퍼센트 지금, 여기로 돌아오는 것이 안 된다면 발걸음을 더 떼지 마세요. 그냥 그 자리에서 멈추고 호흡을 해보세요. 헤매는 마음이 정지할 때까지. 지금, 여기에 당신의 마음이 완전히 도착할 때까지. 그러면 당신은 승리의 미소를 짓게 되고 또 다른 발걸음을 뗄 수 있게 됩니다. "집이다."라는 말과 함께.

이런 단단한 발걸음은 마치 왕의 칙령 위에 찍힌 인장과 같습니다. 당신의 발은 땅 위에 "나는 도착했습니다. 집입니다"라는 각인을 새기고 있는 것입니다. 이와 같은 걷기는 단단하고 자유로운 에너지를 생성합니다. 당신을 삶의 경이로움과 연결합니다. 당신은 성숙해지고 치유됩니다. 나는 전적으로 걷기 명상 수행만을 통해서 수많은 질병들을 치료할 수 있었던 사람들을 압니다.

"나는 단단합니다. 나는 자유롭습니다"가 의미하는 것은,

당신이 과거의 유령들에게 그리고 미래에 끌려다니고 있지 않다는 것입니다. 당신은 바로 자기 자신의 주인입니다. 이 말은 단지 자기암시나 희망 사항이 아닙니다. 당신이 지금, 여기에 살 수 있을 때 진정으로 단단함과 자유로움을 내 것으로 할 수 있습니다. 무언가에 홀린 사람처럼 사방을 뛰어다니지 않으면서 과거와 미래로부터 자유롭게 됩니다. 단단함과 자유로움은 진정한 행복의 기반입니다.

Solidity and freedom
are the foundation
of true happiness

피안彼岸을 향하여

●

부처님이 가르치시기를 우리는 어디에 있든 원하는 어느 때
든 돌아올 수 있는 매우 안전한 곳이 있다고 하셨습니다. 그
곳은 우리의 진정한 자아라는 섬입니다. 우리 자신 안에 돌
아올 수 있는 안전한 섬이 있고, 그곳에선 어떠한 삶의 태풍
도 우리를 흔들 수 없습니다. 부처님의 말씀 중 가장 널리 인
용되는 구절 중 하나는, **자기 자신을 섬으로 삼고, 귀의처로 삼
으라***입니다.

당신이 마음챙김 호흡으로 돌아올 때 그것은 자신에게로
돌아오는 것이며, 당신 안의 안전한 섬과 연결되는 것입니다.
그곳에서 선조들을 만나고 진정한 집을 찾을 수 있습니다.
그리고 세 가지 보물을 발견할 수 있습니다. 세 가지 보물은
부처님Buddha(삶의 길을 우리에게 보여주신 스승님, 이는 예수도 모하

---

*attadipa saranam: "자기 자신을 등불로 삼고, 법을 등불로 삼으라(자등명
법등명)"는 표현으로도 알려져 있다. 부처님의 마지막 가르침이다._옮긴이

메드도 될 수 있고 당신을 안내하는 빛으로 여겨지는 사람이라면 누구라도 될 수 있습니다), 법^{Dharma}(가르침 그리고 이해하고 사랑하는 법), 그리고 승가^{Sangha}(우리를 지지하는 도반들의 정신적 공동체)입니다.

마음챙김 호흡 속에서 당신은 이미 호흡 속 안식처를 찾아 **몸과 느낌, 인식, 정신 작용** 그리고 **의식** 속에서 무슨 일이 일어나고 있는지 인지하게 됩니다. 불교에서는 이것을 **오온**^{五蘊*}이라고 합니다. 오온은 인간의 구성요소이지요.

마음챙김 호흡은 당신 안의 서로 다른 모든 면들을 함께 모아 하나로 되돌려 놓습니다. 호흡을 할 때 당신의 몸과 느낌, 인식, 정신작용 그리고 의식 모두가 그 호흡과 연결됩니다. 마치 노래할 때 당신이 목소리를 높이면 수다를 떨던 다른 가족들이 모두 입을 다물고 가만히 듣게 되는 것처럼! 그 호흡은 몸과 마음을 가라앉게 하고 통합합니다. 그리고 당신의 **오온**을 조화롭게 하죠. 그 순간, '나'라는 섬은 **오온**의 안전한 공간으로 드러납니다.

*오온: 색色(몸), 수受(느낌), 상想(인식), 행行(정신작용), 식識(의식)._옮긴이

이 수행을 위한 깊은 울림의 시가 있습니다. 플럼 빌리지에서 우리는 이 시를 노래로 만들어 즐겁게 낭송합니다.

내가 섬이 되면,
가까이에서, 또는 멀리서 빛나는 부처님은
  나의 마음챙김입니다.
법은 나의 호흡이며 몸과 마음을 이끌어 주죠.
나는 자유롭습니다.
나를 섬으로 삼아,
승가는 조화롭게 활동하는 나의 오온입니다.
나를 안식처로 삼고, 나에게 돌아가는,
나는 자유롭습니다.
숨을 들이쉬고, 숨을 내쉬며,
나는 꽃처럼 피어나고,
나는 이슬처럼 신선합니다.
나는 산처럼 단단하고,
나는 대지처럼 흔들림 없습니다.
나는 자유롭습니다.
숨을 들이쉬고, 숨을 내쉬며,
나는 무엇이 실제고 무엇이 진실인지 비추는 물입니다.

그리고 나는 내 안 깊은 곳에 텅 빈 공간이 있음을 느낍니다.
나는 자유롭습니다.

당신이 고난이나 위험에 처해 있다면 이 시와 함께 수행해
보세요. 무엇을 하고 무엇을 하면 안 되는지 알기 위해서 당
신이 냉정할 필요가 있을 때 말입니다. 예를 들어 비행기를
타고 있다고 가정해 봅시다. 갑자기 비행기가 공중납치됐다
는 방송을 듣게 됩니다. 공황 상태에 빠지거나 상황을 더 악
화시킬 수도 있는 어떤 일을 하기보다는, 당신의 호흡으로 돌
아와 이 시의 첫 번째 줄을 읊기 시작하는 겁니다.

지금, 여기의 마음챙김은 그 상황을 환하게 비추는 붓다
의 현존입니다. 그래서 당신은 무엇을 할지 무엇을 하지 말
아야 할지 알 수 있게 됩니다. 마음챙김 호흡은 당신의 몸과
마음을 인도하는 법의 현존입니다. 당신의 **오온**은 붓다와 법
안에서 보호를 받고, 마음챙김 호흡으로 고요하며, 평화롭
고 조화로운 승가와 함께 안식하게 됩니다. 당신을 보호하
는 불, 법, 승과 함께 더 이상 그 무엇도 두려워할 필요가 없

습니다. 이 고요하고 집중된 상태에서 그 상황을 안정시키기 위해서 당신은 어떤 행동을 취해야 하는지 알게 됩니다.

조금은 더 평범한 순간들 속에서 이 시와 함께 수행하는 것은 우리의 단단함과 평화 그리고 행복을 증진시킵니다. 이는 삼보(불, 법, 승) 안에서 피안으로 건너가려는 구체적인 수행입니다. 왜냐하면 우리가 수행할 때 불, 법, 승의 에너지가 실제로 거기에 존재하기 때문이죠. 우리를 위해서요. 이것 이상의 안전은 없습니다. 심지어 죽음에 직면했을 때도 우리는 평화롭게 죽을 수 있습니다.

꽃처럼 활짝 피고
이슬처럼 신선하게

●

행복하기 위해서 우리는 어느 정도의 신선함이 필요합니다. 그 신선함은 다른 사람들을 행복하게 할 수도 있습니다. 우리는 모두 인간의 정원에 핀 꽃입니다. 즐겁게 뛰어놀거나 잠자는 아이를 바라보세요. 그러면 그 아이가 한 송이 꽃이라는 것을 보게 되죠. 그 아이의 얼굴, 손, 발, 입술 모두 꽃입니다. 우리도 꽃입니다, 그 아이처럼. 그러나 세상살이의 신산함으로 인해 짓눌려서 신선함을 잃어버린 것이죠. 16세기 베트남 현자, 응이엔 빙Nguyen Binh은 이렇게 써놓았습니다.

더 이상 오지 말아요, 너 이상 불평하지 말아요,
이것은 마음속 마지막 품은 시입니다.
불평을 멈출 때, 당신의 영혼은 다시 채워질 것입니다.
눈물을 멈출 때, 당신의 눈은 다시 맑아질 것입니다.

부디 숨을 깊이 들이쉬고 몸의 긴장을 풀고 자신에게 미소 지어보세요! 당신의 얼굴에 드리워진 걱정의 그림자가 사라지고 입술 위의 미소는 당신의 꽃을 다시 활짝 피게 할 것입니다. 수세기에 걸쳐 조각가들은 부처님의 얼굴 위에 온화한 연민의 빛을 띤 청정한 미소를 그리기 위해서 노력했습니다.

당신의 얼굴에는 수십 개의 근육이 있습니다. 그래서 걱정하고 속상하고 화날 때마다 이 근육들은 비틀어지고 긴장하게 됩니다. 다른 사람들이 그것을 보고 겁먹을 수도 있죠. 숨을 들이쉬고 아무런 판단도 하지 않는 의식 상태를 이 긴장 속으로 가져옵니다. 그리고 숨을 내쉬고 긴장을 풀고 미소 지어 봅니다. 이것을 계속하면 밀물과 썰물의 호흡 속에서 긴장은 녹아 내립니다. 그리고 언제나, 당신의 손이 닿는 곳에 있는 내면의 신선한 꽃은 회복할 수 있게 됩니다. 침착함, 편안함, 회복은 참선 명상에서 **멈춤**이라고 부르는 수행입니다.

숨을 들이쉬고, 나는 자신을 바라봅니다, 꽃으로.
숨을 내쉬고, 나는 신선함을 느낍니다.

산처럼 단단하게

●

우리는 안정감이 없다면 평화와 행복을 누릴 수 없습니다. 몸과 마음이 불안정할 때는 편히 쉬지도 못하고 흔들리게 되죠. 그리고 우리와 함께 안식하려던 사람들이나 우리에게 기대고 싶었던 이들이 안정감을 느끼지 못하게 됩니다. 그래서 몸과 마음에 안정감과 단단함을 가져오는 수행은 중요합니다.

마음챙김 호흡으로, 조용히 앉아서 내면의 단단함을 다시 만들 수 있습니다. 가부좌나 반가부좌 자세로 앉으면 몸과 마음이 안정되고, 특히 의식적인 호흡을 통해 **오온**을 하나로 만들 때는 이 자세가 아주 좋습니다. (다시 한 번 말하면 **오온**이란 몸, 느낌, 인식, 정신 작용, 의식입니다.) 만일 당신이 호흡에 계속 집중할 수 있다면, 내면에서 일어나는 모든 것을 알아차릴 수 있는 확고한 기반을 가질 수 있습니다. 그리고 그 모든 것들을 받아들이고 포용할 수 있게 되죠. 당신의 지성과 연

Solid
as a mountain

민을 바탕으로 일상에서 만나는 어떤 고난도 벗어날 수 있는 방법을 찾을 수 있게 됩니다. 이것은 당신 자신의 능력에 더 큰 자신감을 주고 훨씬 더 단단해질 수 있게 하죠.

숨을 들이쉬고, 나는 산처럼 자신을 바라봅니다.
숨을 내쉬고, 나는 차분하고 단단한 자신을 느낍니다.

자신의 섬으로 돌아와 안식하는 수행은 당신에게 더 큰 안정감을 만들 수 있도록 합니다. 당신은 영적인 길을 보고 있고, 그 길을 걷고 있다는 것을 압니다. 더 이상 그 무엇도 두려워할 필요가 없게 되죠. 그리고 이는 당신이 더욱 단단해질 수 있도록 이끌어 줄 것입니다. 당신의 길은 마음챙김, 집중 그리고 통찰력을 발전시키는 길입니다. 즉, 다섯가지 마음챙김 수행의 길이죠. 이 다섯 가지 수행 또는 계율은 삶을 보호하는 방향으로 우리를 인도합니다. 어려움에 처한 사람들과 함께 나누면서, 건강하지 못한 성행위와 관련된 것들은 자제하면서, 깊이 듣고 사랑스러운 말을 사용하면

서, 그리고 몸과 마음에 대한 연민으로 주의 깊은 소비 즉,
마음챙김의 소비*를 하게 하면서 말이죠.

*마음챙김의 소비에 대해서는 95쪽 '마음챙김의 소비'에서 다룹니다. _옮긴이

반영하는 물처럼

●

맑은 연못의 물이 반영하는 이미지는 고요한 마음을 나타
냅니다. 마음이 화, 질투, 두려움, 걱정 같은 정신 현상에 의
해 산란하지 않으면 고요합니다. 구름과 하늘 그리고 그 주
변의 산들을 완벽하게 비추는 높은 산의 맑은 호수를 상상
해 보세요. 만일 당신이 그 표면을 사진으로 찍는다면, 누구
라도 풍광 그 자체를 찍었다고 생각할 것입니다. 우리의 마
음이 고요할 때 그것은 어떤 왜곡도 없이 실체를 있는 그대
로 정확하게 비춥니다. 마음챙김과 함께 하는 호흡, 앉아있
기 그리고 걷기는 화나 두려움, 절망 같은 산란한 정신을 가
라앉게 합니다. 이것은 우리가 실체를 더 분명하게 볼 수 있
게 하죠.

『완전한 알아차림의 호흡에 대한 경』에서 부처님의 가르침
중 하나는 '정신 현상을 고요하게'입니다. 이 경우 '정신 현

상'은 특히 질투나 걱정 같은 부정적인 마음 상태를 말합니다. "숨을 들이쉬면서 지금, 여기, 내 안에 있는 정신 현상들을 알아차립니다." 우리는 우리가 보고 있는 그것들을 이름을 붙여 부릅니다. "이것은 짜증이야", "이것은 불안이야" 등등. 우리는 그것들을 억누르거나 판단하거나 치워버리려고 하지만, 그래서는 안됩니다. 그저 그것들이 있다는 것을 알아차리는 것, 그것이면 충분합니다. 이것은 있는 그대로를 알아차리는 수행입니다. 이는 우리 마음을 스쳐 지나가는 그 어떤 것도 붙잡지 말고, 그것을 제거하려고도 하지 말라는 의미죠.

"숨을 내쉬고, 나는 이 정신 현상을 고요하게 합니다." 우리가 정신 현상에 대해서 알아차리고 깊이 안을 때 마음챙김 호흡을 한다면, 그것들에게 고요할 수 있는 기회를 줄 수 있습니다. 이는 몸을 편안하게 하기 위해 이 책에서 미리 언급한 훈련과 비슷합니다. 즉, 몸의 긴장과 고통을 완화시키는 것으로, 『완전한 알아차림의 호흡에 대한 경』에 있는 붓다의 가르침이기도 합니다.

당신이 명상 전문가라면 실제로 깊이 들여다보고 명상하는 수행을 한다는 것을 의미합니다. 단지 지적으로 또는 이론적 학문의 대상으로 선禪을 배우는 것이 아니죠. 그래서 생각과 감정이 산란할 때 그것들을 고요하게 가라앉히는 훈련을 스스로 해야 합니다. 오직 이 방법만이 당신의 몸과 마음을 완전히 알 수 있는 길이고, 당신의 내면과 사랑하는 사람들 그리고 다른 사람들과의 갈등을 피할 수 있는 길입니다.

폭풍을 극복하기

●

젊은 사람들 중에는 분노나 우울, 절망 등과 같은 내면에서 일어나는 폭풍 같은 감정에 잘 대처하지 못하는 이들이 있습니다. 그리고 자살을 하려고 합니다. 그들은 자살만이 자신들의 고통을 멈추는 유일한 길이라고 믿습니다. 미국에서는 매년 대략 9500명의 젊은이들이 자살합니다. 일본은 그 비율이 훨씬 더 높죠. 그 누구도 그들에게 강력한 감정을 다루는 방법을 가르쳐주지 않는 것 같습니다.

만일 우리가 그들에게 자살 충동으로부터 벗어나고 진정시킬 수 있는 방법을 보여준다면, 그들은 다시 돌아와서 삶을 깊이 안을 기회를 갖게 될 수도 있습니다. 그러나 다른 이들에게 보여주려고 하기 전에 우리 자신을 위해 먼저 수행할 필요가 있습니다. 우리는 수행을 시작하기 위해서 어떤 강렬한 감정에 압도될 때까지 기다리지 않습니다. 바로 지금 시작합니다. 그래야 감정의 파도가 다시 밀려왔을 때, 당신은 그것을 어떻게 다루어야 하는지 알게 되는 것이죠.

무엇보다도 당신은 감정은 단지 감정일 뿐이라는 것을 알아야 할 필요가 있습니다. 그것이 비록 크고 강한 것일지라도. 당신은 이 감정보다 훨씬 더 크고 훨씬 더 강한 존재입니다. 우리 인간(**오온**의 영역은 색, 수, 상, 행, 식이다.)은 대단한 존재입니다. 감정은 단지 우리가 가질 수 있는 다양한 정신 현상 중 하나의 카테고리일 뿐입니다. 그것들은 잠시 와서 머물다 갑니다. 왜 우리가 감정 때문에 죽어야만 하나요?

폭풍 같은 강렬한 감정을 보세요. 만일 우리가 비바람에 잘 견디는 테크닉을 안다면 우리는 온전하게 빠져나올 수 있습니다. 폭풍이 한 시간, 서너 시간 또는 하루 종일 계속될 수도 있습니다. 우리가 마음을 고요하고 한결같은 상태로 만드는 방법에 숙달한다면, 비교적 편안하게 감정의 폭풍 속을 통과할 수 있습니다.

가부좌 자세로 앉거나 바로 누워서 당신의 배로 숨을 들이쉬어 보세요. 마음을 전적으로 배에 집중하고, 숨을 들이

쉴 때 배가 올라오는 것에 집중하세요. 그리고 숨을 내쉴 때 배가 내려가는 것에 집중하세요. 깊이 숨을 쉬면서 배에 모든 주의를 집중하세요. **생각을 하지 마세요.** 당신의 모든 생각을 멈추고 호흡에만 집중하세요. 폭풍이 나무를 치면, 나무 꼭대기는 요동을 치고 치명적인 위험에 빠져 피해를 봅니다. 나무의 몸통은 더 안정적이고 단단합니다. 그것은 땅속 깊은 곳까지 뻗은 많은 뿌리가 있죠. 나무 꼭대기는 당신의 머리, 생각하는 마음과 같습니다.

폭풍우가 당신에게 몰려오면 꼭대기에서 빠져나와 나무의 몸통으로 내려가세요, 안전을 위해서. 당신의 뿌리는 복부, 배꼽 바로 아래, 즉 중국 의학에서 **단전**丹田이라고 알려진 에너지 포인트에 있습니다. 그곳에 완전히 집중하고 숨을 깊이 쉬어 보세요. 아무것도 생각하지 마세요. 그러면 감정의 폭풍이 몰아치는 동안에도 당신은 안전할 것입니다. 매일 5분씩 훈련해 보세요. 그러면 3주 후에 당신은 감정들이 언제 몰아치든 성공적으로 그것들을 다룰 수 있게 됩니다.

폭풍 속에서 다치지 않고 빠져나온 자신을 바라보면서 당신은 더 확신을 갖게 됩니다. 스스로에게 말해보세요, "다음에 다시 감정의 폭풍이 몰려온다면, 나는 두려워하거나 떨지 않을거야. 이제 나는 그것을 극복하는 방법을 알았거든." 당신은 이것을 당신 아이들에게도 가르쳐줄 수 있습니다. 복식호흡이 주는 안정감을 그들도 즐길 수 있으니까요. 당신 아이의 손을 잡고 배에 완전히 집중하면서 함께 숨을 쉬어 보자고 말해보세요. 비록 어린아이일지라도 아이는 매우 강한 감정을 가질 수 있습니다. 그리고 그 감정들을 뚫고 지나가는 호흡을 배울 수 있습니다. 처음에는 당신의 도움이 필요할 테지만, 나중에는 아이 스스로 할 수 있게 됩니다. 만일 당신이 학교 선생님이라면 반 아이들에게 복식 호흡을 가르쳐 보세요. 최소한 몇 명의 학생들이라도 이 훈련을 하고 활용할 수 있다면, 나중에 강한 감정의 회오리바람이 그들 내면에서 소용돌이친다 해도 그들은 자살로 내닫지는 않을 것입니다. 그러면 당신은 생명을 구하게 되는 것입니다.

앉아서 하는 훈련이 가장 좋습니다. 그러나 누운 상태에서도 할 수 있습니다. 만일 누운 채로 훈련을 하고 있다면,

편안함을 위하여 당신의 배 위에 따뜻한 물주머니를 올려놓아도 좋습니다.

텅 빈 공간 만들기

●

공간은 자유와 편안함을 나타냅니다. 자유 없이 어떻게 행복할 수 있을까요? 그럼, 무엇이 당신의 자유를 빼앗아 갔을까요? 걱정과 과중한 일과 시기심에 사로잡혀 있는 것이요?

권력과 부와 인정을 얻는 데 성공하는 것이 당신을 행복하게 해줄 것이라고 믿을 수도 있습니다. 그러나 그 생각을 유심히 들여다보기 위해서 잠시 멈춰 보세요. 그러면 당신은 부와 명성과 영향력을 다 갖춘 사람들이 여전히 행복하지 않다는 것을 보게 될 것입니다. 왜 그럴까요? 왜냐하면 그들은 진정한 자유를 가지고 있지 않기 때문이죠.

당신은 할 일이 많이 있고, 모든 분야에서 성공하기를 원합니다. 그건 잘못된 일이 아니에요. 그러나 그 일이 매일 진정한 행복을 가져다줄 수 있도록 당신의 삶을 조절해야 합니다. 일 속에서 자신을 잃어버리지 마세요. 그리고 걱정하고 짜증 내고 우울해지지 마세요. 자유로움 속에서 일하세요. 당신은 자신과 가까운 사람들을 위해서 충분한 시간이 필요합니다. 사랑할 시간이 필요합니다. 여기서 '사랑'이라 함은 감각적 욕망의 자극에 대한 이야기가 아닙니다. 타인을 돌보고, 그들의 고통을 덜어내는 데 도움이 되고, 행복할 수 있는 시간을 갖는 것을 말합니다.

당신이 사랑하는 사람들에게 줄 수 있는 가장 소중한 선물은, 안팎으로 넓고 큰 느낌, 텅 빈 당신의 마음입니다. 분주하고 괴롭고 실망스러운 것 때문에 실제 삶으로부터 어디론가 휩쓸려가지 마세요. 걱정을 뿌리치고 기쁘게 사는 방법을 알아야 합니다. 이것은 하나의 기술입니다. 행복을 가져다주지 않는 중요하지 않은 것들은 다 놓아 버리세요. 당신이 다 놓아 버릴 때, 거기에 더 큰 텅 빈 공간이 생깁니다.

벼룩시장에 가서 싸게 파는 물건을 보고 그것을 사 온 한 친구를 상상해 봅시다. 그는 그것이 필요하지 않습니다. 단지 가격이 싼 걸 보고 그냥 산 것입니다. 몇 주 후 그의 집은 이런 물건들로 가득 차서 이제 집에 들어가는 깃도 나오는 것도 어렵게 됐습니다. 집 안을 돌아다니려고 할 때마다 그는 시장에서 사 온 물건들과 부딪힙니다. 더 이상 본인이 살 공간도 없습니다. 우리의 마음도 마찬가지입니다. 만일 우리가 너무 많은 걱정과 두려움, 의심을 지니고 있다면, 삶과 사랑을 위한 공간이 전혀 없게 되는 것이죠. 우리는 다 놓아 버리는 훈련을 해야 합니다.

숨을 들이쉬며, 나는 텅 빈 나 자신을 봅니다.
숨을 내쉬며, 나는 자유를 느낍니다.

불교는 다 놓아 버리는 것에서 기쁨과 행복이 온다고 가르칩니다. 이제 조용히 앉아서 당신 삶의 물품 목록을 만들어 보세요. 거기에는 정말로 쓸모없으면서 당신의 자유를 빼앗는, 당신이 꼭 쥐고 있는 물건들이 있습니다. 용기를 내서 그것들을 놓아 버리세요. 과적을 한 보트는 바람과 파도에 의해 쉽게 뒤집힙니다. 짐을 덜면 당신의 보트는 더 빠르고 안전하게 항해할 수 있습니다. 그리고 사랑하는 사람들에게 자유와 텅 빈 공간이라는 소중한 선물을 줄 수 있습니다.
물론 당신이 진정으로 원한다면 말이죠.

이해하며 그리고 사랑하며

●

자애와 연민의 명상으로 알려진 수행법은 지극한 편안함과
행복을 가져다줍니다. 자애는 다른 사람들에게 행복을 가져
다줍니다. 연민은 그들의 고통을 완화시키는 것을 의미합니
다. 자애와 연민의 문을 여는 열쇠는 우리 자신과 타인의 고
통을 이해하는 포용력입니다. 만일 우리가 자신의 고통을 바
로 보고 이해한다면, 타인의 고통도 바로 보고 이해할 수 있
습니다. 물론 그 반대도 가능하죠.

이것은 사성제四聖諦의 첫 번째와 두 번째를 깊이 바라보는
수행입니다. 사성제는 신성하고 경이로운 불교의 네 가지 진
리를 말합니다. 첫째, 고통이 존재한다(고苦). 두 번째, 고통
을 만들어 내는 일련의 조건과 원인이 있다(집集). 세 번째, 고
통은 끝날 수 있으며(멸滅) 행복은 언제나 가능하다. 네 번
째, 고통이 끝나고 행복으로 이르는 길이 있다(도道). 우리의

고통(사성제의 첫 번째 진리)을 알아차리고 회피하지 않으면 그리고 그것들과 그 원인(사성제의 두 번째 진리)을 깊이 들여다보면, 우리는 해방으로 향하는 길(사성제의 네 번째 진리)을 볼 수 있습니다. 그 길을 택함으로 성취한 고통의 완전한 변화와 사라짐은 사성제의 세 번째 진리입니다.

여기 이 수행이 어떻게 작용하는지 그 예가 있습니다. 한 아버지가 그의 아들을 고통스럽게 하고 있습니다. 아버지는 자신이 아들과 자기 자신에게까지 고통을 야기하고 있음을 모릅니다. 그는 자신이 아들을 다루는 방법이 최상이라고 믿고 있죠. 사실은 그렇지 않습니다.

사실, 이 아버지는 많은 고난을 겪었고 상처를 가지고 있습니다. 그러나 그는 그것들(사성제의 첫 번째 진리: 고통의 인정)을 바로 보고 그 원인(사성제의 두 번째 진리: 고통의 조건과 원인)을 깊이 들여다봐야 합니다. 그는 자신의 고통을 어떻게 다루어야 하는지 모르고, 자신의 아들을 고통스럽게 하며 아들이 모든 불행의 원인이라고 믿습니다.

아마도 아버지는 어린 시절 자신의 아버지(할아버지)로부터 잔인한 학대를 받았을 수도 있습니다. 할아버지는 자신의 모든 화와 고통을 이 아버지에게 쏟아부었을 것이고, 지금 아버지는 자기 아버지가 했던 것처럼 자신의 아들에게 화와 고통을 쏟아붓고 있는 것이죠. **윤회**의 바퀴는 계속해서 돌고 돕니다. 고통이 한 세대에서 다음 세대로 이어지고 있는 것입니다. 아버지는 사성제의 두 번째 진리(집), 고통의 원인을 모르는 것이죠. 이제 아들을 위해 수행할 시간입니다.

숨을 들이쉬고, 나는 다섯 살인 나를 봅니다.
숨을 내쉬고, 나는 여전히 내 안에 살아있는 다섯 살 아이
　　에게 미소 짓습니다.
숨을 들이쉬고, 나는 내 안의 다섯 살 아이가 부서지기 쉽
　　고 연약하며 또한 상처 입은 것을 봅니다.
숨을 내쉬고, 나는 내 안의 다섯 살 아이를 내 모든 이해와
　　사랑으로 안아 줍니다.

이것은 당신 안의 작은 아이를 알아보고 안아 주기 위해서 당신 자신에게로 돌아가는 첫 번째 수행입니다. 지금까지

오랫동안 당신은 이것을 하기에는 여유없이 너무 바쁘게 살아왔을 수도 있습니다. 이제 그 아이와 이야기하고 듣고 꼭 안아 주기 위해 당신은 돌아옵니다. 치유의 과정이 시작된 것이죠.

내 안의 나의 아버지,
내 안의 나의 어머니

●

첫 번째 수행과정을 성공적으로 완수했다면, 당신은 두 번째 과정으로 나갈 수 있습니다.

숨을 들이쉬며, 나는 다섯 살 아이인 나의 아버지를 봅니다.
숨을 내쉬며, 나는 다섯 살 아이인 나의 아버지에게 미소를 보냅니다.

아마도 당신은 한 번도 연약하고 어린 소년인 당신의 아버지를 상상해 본 적이 없을 겁니다. 사실은 당신의 아버지도 한때는 다른 모든 아이들처럼 부서지기 쉽고 연약하며 쉽게 상처받았습니다.

숨을 들이쉬며, 나는 다섯 살인 나의 아버지를 봅니다.

부서지기 쉽고 연약하며 상처받은 아이.
숨을 내쉬며, 나는 이 상처받은 다섯 살 아이를
나의 모든 사랑과 이해로 바라봅니다.

　사람들은 그들 부모와의 관계에서 많은 아픔을 겪습니다.
당신은 당신의 아버지가 된 그 다섯 살 아이가 자신(당신의
아버지)뿐만이 아니라 당신 안에도 현재 살아있고 지금, 여기
에 여전히 있다는 것을 지금까지는 깨닫지 못했을 수도 있습
니다. 당신의 아버지와 어머니는 다름 아닌 그들의 전 존재
를 당신에게 전달한 것입니다. 사실 당신과 아버지는 정확하
게 한 사람은 아니지만 완전히 다른 두 사람도 아닙니다. 이
는 당신과 당신 어머니와도 마찬가지입니다. 이 경이로운 통
찰을 '불일불이不一不二'라고 부르는데, 정확하게 같은 것도 아
니고 전적으로 다른 것도 아니라는 말입니다.
　만일 당신이 당신 내면의 하나인 그 다섯 살 아이를 안을
수 있다면, 내면의 다른 하나인 그 다섯 살 아이도 또한 안
을 수 있습니다. 그러면 부모와의 관계에 매우 빠른 전환이

일어납니다. 당신의 아버지가 어렸을 때 이것을 배울 기회가 있었다면 그는 자신이나 당신을 고통스럽게 하지 않았을 겁니다. 그러나 그는 운이 그리 좋지 못했죠. 그래서 당신이 수행해야 합니다, 당신을 위해서 그리고 당신 안의 아버지를 위해서. 당신 내면의 아버지를 당신이 변화시킬 수 있을 때, 당신의 바깥에 존재하는 아버지가 변하는 것을 더 쉽게 도울 수 있습니다. 이런 수행을 하면서 우리는 부모님뿐만 아니라 우리 자신에게도 변화를 가져올 수 있으며, 아이들에게 같은 실수를 반복하는 것도 막을 수 있게 됩니다. 고통의 수레바퀴는 결국 멈추게 됩니다.

이러한 고통과 그것의 원인이 되는 뿌리에 대한 깊은 이해는 포용력과 사랑을 가져옵니다. 사랑하고 받아들일 때, 우리는 훨씬 더 나아지고, 다른 사람들 즉, 삼촌이나 고모, 이모, 형제, 자매, 동료나 친구가 변하는 것 또한 도울 수 있습니다.

당신 안에는 **지혜(반야般若)**라고 불리는 정신작용을 하는 씨앗이 있습니다. 지혜는 깊은 '이해'를 의미합니다. 깊은 이해가 자리하면 상황은 바로 변합니다. 무엇보다도 **지혜**는, 그것이 어떤 고통이든 거기에 실재한다는 것과 그 고통의 본질, 근원을 바로 보고 이해하는 것입니다. 위에서 말한 훈련으로 깊이 보는 수행을 한다면, 우리는 심오한 통찰력을 증장시킬 수 있습니다. 그 능력이 우리 마음의 모든 움직임들과 함께하도록 이끌어야 합니다. 그러나 우리는 가끔 그 능력을 사용하는 것을 잊기도 하고, 자신에게 진정으로 적용시키지도 않습니다. 특히 욕망이 불타오를 땐 더욱 그렇죠. 그 순간, 우리는 마음챙김의 중재가 필요합니다. 마음챙김은 우리 수행에 가장 중요하고 절실한 정신작용입니다. 마음챙김은 언제나 지혜를 가져온다는 것을 우리는 기억해야 합니다. 지혜를 가졌을 때 우리는 매우 자연스럽게 더 받아들이게 되고, 용서하게 되고, 사랑하게 되고 그리고 행복하게 됩니다. 지혜가 결여되었을 때는 화와 질투, 증오 그리고 고통의 방향으로 항로를 이탈합니다.

저장식에 대한 앎

●

우리가 보고, 듣고, 생각하고, 경험하는 모든 것은 우리의 의식 가장 깊은 곳에 저장됩니다. 부처님은 이것을 **저장식**貯藏識이라고 부르셨습니다. 우리의 저장식—서양 심리학자들이 잠재의식*이라고 부르는 것과 비교 가능한—은 모든 종류의 데이터를 받고 처리하고 저장합니다. 모든 기쁨, 걱정, 두려움과 좌절은 이 거대한 기록 보관소에 저장됩니다. 이는 마치 우리 정신의 컴퓨터에 있는 하드 디스크와 같습니다. 걱정과 기대와 같은 정신 현상은 분명하게 드러나지 않을 수 있고 어떤 특정한 순간에 드러날 수도 있습니다. 그러나 그것들은 휴면기 씨앗의 형태로 의식의 깊은 곳에 항상 있습니다. 불교 심리학에서 이 정신 현상은 **잠재 성향**anusaya으로 알려져 있습니다.

*저자의 다른 책 『Understanding Our Mind』에는 무의식unconsciousness으로 표기되어 있다. 무의식은 저장식의 극히 일부라고 말한다. _옮긴이

이 씨앗들은 잠자는 동안에도 언제든 다시 활동하고 싹을 틔우고 당신 마음을 장악할 준비가 되어 있습니다. 그것들은 기록 보관소에서 데이터를 추출하고 당신 의식의 스크린 위에 과거 경험들을 재생합니다. 오래된 사건, 사고들로 당신을 끌고 가고 지금, 여기의 실제 삶에서 당신을 앗아가는 것이죠. 지금, 당신이 정말로 보고 들은 것들이 당신을 현재로 데려오는 도화선이 될 수도 있으나, 그 오래된 과거 이야기들이 일단 접근해오고 수면 위로 떠오르면서 당신 마음의 한가운데를 차지하게 되면, 당신은 지금 실제로 보고 듣고 있는 것에 접속할 수 없게 됩니다. 결국 당신은 실제 세계 대신 기억이라는 가상의 세계 안에서 당신 삶의 대부분 아니면 전부를 살게 되는 것입니다. 당신 머릿속의 세계는 실제 세계로부터 멀리 떨어져 있지만, 당신은 그 망상의 세계가 실제 세계라고 굳게 확신합니다.

저장식의 이런 필름들은 종종 밤에 당신의 꿈에서도 재생됩니다. 휴면기 씨앗들은 아주 많고 다양하며 필름의 내용도 마찬가지로 다양하죠. 비록 모든 것들이 다 같은 보관소에서 왔지만 말이죠. 꿈속에서 당신은 걱정, 불안, 사랑, 증오, 기대, 성취, 실망 등을 경험합니다. 마치 정상적으로 일상생활을 하는 것처럼 당신은 꿈속에서 돌아다니고 그것이 모두 실제라고 믿습니다. 그리고 깨어나 발견하게 되죠. 사실은 침대 위에 누워서 내내 자고 있었다는 것을. 그 꿈의 세계와 그 안의 사람들은 마음 보관소로부터 모인 당신 의식의 산물입니다.

완전히 깨어있는 낮 동안에도 당신은 잠재의식의 환상 세계로 자주 들어갑니다. 가끔은 몇 초 동안, 가끔은 무려 한 시간 이상이나 말이죠. 사실, 당신은 실제 세계에서 **진짜**로 살고 있지 않고, 실제 세계에 대한 당신의 관점은 저장식에 의해서 강력한 영향을 받고 있습니다. 마음챙김의 걷기와 호흡을 훈련하는 것은 당신이 실제 세계에서 살도록 돕는 것이고, 그래서 당신은 지금, 여기, 삶의 경이로움과 접속할 수 있게 됩니다. 그리고 당신의 몸과 마음을 성장시키고 치유할 수 있게 되는 것이죠.

모든 발걸음마다 기적입니다.
모든 발걸음마다 치유입니다.
모든 발걸음마다 성장입니다.
모든 발걸음마다 자유입니다.

부적절한 집중

●

올바른 마음챙김과 그릇된 마음챙김이 있습니다. 올바른 마음챙김은 지금, 여기에서 무슨 일이 일어나고 있는지를 알게 하기 위해서 우리를 현재로 데려오는 에너지라는 것을 이미 알고 있습니다. 그릇된 마음챙김은 우리를 아픈 과거에서 살도록 끌어당기고 고통과 걱정, 괴로움, 갈망, 두려움(저장식에 있는 독성 항목들이지요)에 집중하고 집착하게 합니다. 당신이 과거의 부정적 이야기에 사로잡혀 있다는 것을 분명하게 바라볼 때, 올바른 마음챙김은 이미 작동하기 시작한 것입니다. 그것은 당신에게 지금 무슨 일이 일어나고 있는지를 말해주죠. "당신은 과거의 이야기에 휩쓸려 떠내려가고 있는 중입니다." 당신의 알아차림은 즉각 망상으로부터 당신을 풀어주고 실제 세계로 돌아오게 합니다.

꿈속에서 당신이 보는 것들, 당신 의식의 대상들은 단지 이미지일 뿐입니다. 그것들은 실체가 없습니다. 그것은 당신 개의 사진을 디지털카메라로 찍을 때와 같습니다. 카메라의 버튼을 누르는 순간부터 개의 이미지는 정지한 시간 속에서 메모리 카드에 기록됩니다. 실제 당신 개가 계속 뛰고 놀고 짖어대는 동안 말이죠. 당신이 찍은 그 사진은 그 개가 아닙니다. 그저 찍힌 이미지일 뿐이죠. 실제로 당신의 개는 시간이 지나면서 나이가 더 들었을 테고 이미 죽었을 수도 있습니다. 그러나 당신의 이미지는 영원히 변하지 않은 채로, 고정된 상태로 남아 있습니다. 당신의 카메라에서처럼 저장식에서 말입니다.

실제 삶과 접속되었을 때 당신이 직접 보고, 듣고, 접촉하는 것은 감각기관에 의해서 받아들여져 감각 느낌을 형성합니다. 이 느낌들은 당신의 저장식 내용물에 의해 다소 채색되기도 하지만 비교적 실제와 가깝습니다. 그러나 만일 눈을 감고 당신의 마음으로 이미지들을 불러내면, 바로 그 지점에서 그것들은 우리가 '단순 이미지'라고 부르는 것으로만 경험될 것입니다.

당신의 잠재의식은 이미지로 가득 차 있고, 어떤 편안함을 주는 담요나 공간 같은 곳으로 돌아가고 싶어하는 자신을 발견할 수도 있습니다. 비록 그것들이 고통스러운 기억일지라도 말이죠. 이는 상실과 비탄을 애도하는 비극적인 노래를 사람들이 계속해서 듣고자 하는 일종의 병적인 욕망과 같은 것입니다. 건강하지 못하고 전혀 이롭지도 않은 습관입니다.

그 오래된, 친숙한, 더러운 연못

●

사람들 중에는 지금, 여기의 경이로운 삶 속에서 자유롭고 편안하게 살기 위해 자신의 고통스러운 과거를 뒤로하고 떠나야 하지만, 떠날 수 없는 이들이 있습니다. 달과 별은 늘 밝게 빛나고, 산과 시냇물은 언제나 즐겁고, 사계절은 차례대로 우리 앞에 제 모습을 드러냅니다. 그러나 누군가는 이 중에서 어떤 것도 느껴본 적이 없습니다. 그들은 고통스러운 기억의 저장고 주변을 배회하며 더 편안함을 느낍니다.

무엇보다도 해방의 의미는 과거의 감옥을 부수고 나오는 것입니다. 우리는 오래되고 친숙한 습관과 편안함의 바퀴가 지나온 그 길에서 우리 자신을 끌어내 줄 용기를 소환해야 합니다. 이런 것들은 우리에게 진정으로 행복을 가져다주지 못합니다. 그러나 우리는 그 습관과 편안함에 너무 익숙해서 내려놓지를 못하는 것이죠. 베트남 말에 이런 것이 있습니다. 왜 우리는 언제나 오래된 같은 연못에서 수영하기 위해 돌아가야만 하는가? 심지어 그것이 더러운데도. 단지 그 연못이 '우리의 것'이라서? 왜 우리 자신을 크리스탈 같은 맑은 호수나 수평선을 따라 끝없이 펼쳐진 해변이 있는 상쾌한 푸른 바다와 만나지 못하게 하는가? 삶의 기쁨이야말로 다름 아닌 '우리의 것'입니다. 바른 마음챙김으로 우리 자신을 단련시킬 필요가 있습니다. 그릇된 마음가짐이 우리를 과거로 끊임없이 끌고 가지 못하도록 하기 위해서. 그리고 슬픔과 그리움과 후회라는 끈적끈적하고 오래된 연못에 계속 갇혀있지 않도록 하기 위해서 말이죠.

마음은 언제나 '전서구'*를 품고 있다는 것을 우리는 압니다. 괴로움과 고통이 살고 있는, 낡고 친근한 집으로 돌아가고 싶은 경향성이 우리 마음에 있는 것이죠. 마음챙김(알아차림)은 끊임없이 과거에 살고자 하는 그 습관을 떨쳐 버리는 데 도움이 됩니다. 자신에게 이렇게 말해보세요, "안 돼. 나는 다시는 그때로 돌아가고 싶지 않아. 그 오래된 노래를 부

---

*전서구傳書鳩: 먼 길을 갔다가 집으로 돌아오도록 훈련된 비둘기._옮긴이

르며 우울 속에서 나 자신을 계속 달래며 살고 싶지 않아." 올바른 마음챙김의 등을 밝히면 곧바로 그릇된 마음챙김이 사라집니다.

명상은 갈망, 슬픔, 자기연민, 분노 등과 같은 정신 현상에 대한 알아차림이 더 발전하도록 이끌어 줍니다. 만일 그런 정신 현상이 일어날 때 그것을 알아차리고 안을 수 있다면, 그것들은 더 이상 우리를 끌고 가지 않습니다. 그것들은 이전보다는 좀 더 약해져서 원래의 씨앗이나 이미지 상태로 저장식에 다시 돌아가 잠잠해집니다.

적절한 집중

●

우리는 외부의 세계, 그리고 내면의 '모든 세계들'과 접속할 수 있는 여섯 개의 감각기관이 있습니다. 여섯 개의 감각기관은 눈, 귀, 코, 혀, 몸 그리고 마음입니다. 이 기관들은 컴퓨터에 연결된 센서와 같습니다. 당신이 어떤 이미지, 소리, 냄새, 맛, 촉감 또는 생각과 접속했을 때, 당신의 마음은 그 신호를 받아들이고 즉각 잠재의식에 저장된 것들을 살펴봅니다. 감각으로 입력된 것과 어떤 연관성을 찾기 위해서죠. 당신이 접근해서 살펴본 그 저장물들은 거의 순간적으로 마음의 실제 대상이 됩니다. 걱정과 괴로움, 두려움, 갈망 또는 화 같은 정신 현상을 일으키면서 말이죠.

지금 우리의 마음이 여섯 개의 감각 중 하나의 대상에 '집중'하고 있습니다. 이때 우리는 자유와 편안함, 기쁨, 형제애와 자매애, 행복, 용서 그리고 사랑 같은 긍정적인 정신 현상을 만들어내는 보관소와 우리를 연결시키는 감각 대상들에만 집중해야 할 필요가 있습니다. 이것이 '적절한 집중'입니다. 반면에 고통이나 슬픔, 두려움 그리고 갈망과 같은 경험이나 이미지를 불러오는 감각 대상에 집중할 때, 그것은 부적절한 집중입니다.

우리가 살고 일하는 환경은 이 수행에 매우 중요한 역할을 합니다. 건강한 생활과 일을 위한 환경(우리가 보고, 듣고, 냄새 맡고, 접촉하는 것들을 포함하는)을 우리가 선택할 때, 그것들은 세상과 우리 내면에 존재하는 아름답고 건강한 것들과 접속하도록 해줍니다. 그리하여 우리 자신은 성장하고 치유되며 변하게 되는 것이죠. 우리 자신과 아이들 그리고 손주들을 위하여 건강한 환경을 선택하거나 만들기 위한 모든 것들을 우리는 해야 합니다. 만일 당신이 정치 지도자나 문화부에서 일하거나 선생님, 부모 중 한 사람이라면, 부디 이 점을 되돌아보기 바랍니다.

food is the gift
of the whole
universe

마음챙김의 소비

●

마음챙김의 소비는 우리의 몸과 마음에 불안과 해를 가져오는 것보다는 평화와 행복을 가져오는 것들을 소비하려는 선택을 의미합니다(`부처의 길`에 있는 다섯 가지 마음챙김 훈련의 다섯 번째를 보세요). 마음을 깊이 바라보면, 건강한 음식으로 몸과 마음을 어떻게 성장시키는지, 해로운 음식은 어떻게 피할 수 있는지를 우리는 알게 됩니다. 우리의 몸과 마음이 받아들이는 네 가지 종류의 음식에 대해서 불교는 이렇게 말합니다. 먹을 수 있는 음식, 감각(안, 이, 비, 설, 신, 의)으로 받아들이는 느낌, 자유의지, 그리고 의식.

먹을 수 있는 음식은 우리의 입을 통해 들어가는 음식을 말합니다. 우리는 정말로 우리가 먹는 음식, 그 자체입니다! 아시아인들은 이렇게 말하죠, "병은 입을 통해서 들어온다."라고. 프랑스인들은 이렇게 말합니다, "우리는 무덤을 이빨로 판다." 심장마비나 당뇨병 또는 다른 어떤 질병이든 대다수의 사망이 우리가 먹는 방식과 직접 연관되어 있다는 것은 잘 알려진 사실입니다. 마음챙김과 함께 먹고 마실 때, 우리는 단지 맛있다는 이유만으로 건강하지 않은 음식들을 먹지 않습니다. 순간의 즐거움이 이후에 더 큰 고통을 가져온다는 것을 알기 때문이죠. 음식을 먹기 전에 아래의 다섯 가지 기도를 한 번 내지 여러 번 암송해 보세요.

이 음식은 온 우주의 선물입니다. 하늘과 땅,
  수많은 생명들 그리고 고된 노동과 함께.
이 음식을 귀하게 받아서, 마음챙김과 감사의 마음으로
  먹도록 하소서.
식탐과 같은 건강하지 않은 정신 현상을 알아차리고
  변화시키도록 하소서. 그리고 절제 안에서 먹는 법을
  배우도록 하소서.
생명의 고통을 줄이고 지구를 보호하며 지구온난화의
  과정을 바꿔놓을 수 있는 방법으로 음식을 섭취함으로써
  우리의 연민이 늘 살아있도록 하소서.
우리의 공동체 안에서 형제애와 자매애를 키우기 위해

이 음식을 받습니다. 그리고 모든 살아있는 생명에게 소용이
되고자 하는 우리의 이상을 성장시킬 수 있도록 하소서.

일주일에 최소한 한 번은, 가족 식사 시간에 이 다섯 가지
기도를 암송함으로써 마음을 온전히 기울여 음식을 먹고자
하는 욕구를 우리 자신에게 상기시켜야 합니다.

감각 느낌은 우리의 눈과 귀, 코, 혀, 몸 그리고 마음으로
섭취하는 음식의 종류입니다. 어떤 종류의 음악이나 신문 기
사, 영화, 웹사이트, 전자 게임은 물론, 심지어 일상의 대화
까지도 많은 독성이 있을 수 있습니다. 갈망과 폭력, 증오,
불안, 두려움 등이 그런 것처럼. 이런 종류의 독을 소비하는
것은 몸과 마음에 해를 끼칩니다.

자유의지는 우리의 깊은 곳에 자리한 동기부여의 원천이며
가장 깊은 욕망입니다. 그것은 우리가 밤낮으로 움직일 수
있도록 하는 에너지입니다. 명상은 이 가장 깊은 욕망의 본
성을 깊이 들여다볼 수 있게 합니다. 만일 어떤 욕망이 개인
과 집단 그리고 국가의 빈곤과 증오, 분열을 종식시키거나,

자유와 민주주의, 인권과 사회정의를 진작시키는 것과 같은 아름다운 이상으로부터 나오는 것이라면, 그것은 우리 모두와 세계에 행복을 가져다주는 건강한 자유의지입니다. 폭력과 증오, 절망 같은 고통을 변화시키고자 하는 수행의 욕망과, 더 많은 사랑과 이해 그리고 화해를 일으키고자 하는 욕망은 지니면 좋은 욕망입니다. 우리의 삶속에서 그런 열망을 인식할 수 있다면, 이 사회의 다른 사람들도 함께 같은 열망을 가질 수 있도록 우리가 이끌 수 있습니다. 이것이 바로 건강한 자유의지입니다.

그러나 우리를 해친 사람들에게 복수하거나 벌을 주고 싶은 충동에 휘말린다거나 적으로 믿는 사람들을 파괴하고자 하는 마음에 휩쓸릴 때, 그것은 해로운 자유의지가 됩니다. 만일 우리의 동기가 단지 더 많은 돈과 권력, 명성, 섹스를 원하는 것일 때는, 이런 종류의 자유의지는 고통을 수반하게 됩니다. 행복은 우리가 이해하고 실행하고 있는 자유의지가 어떤 종류인지에 따라 크게 좌우됩니다. 갈망의 대상을 쫓아 뛰는 것은 몸과 마음에 많은 해를 입힐 수 있습니다.

의식은 음식의 네 번째 카테고리로, 여기에서는 집단의식을 가리킵니다. 그 집단의식 안에서 우리는 살고 있고, 그것이 서서히 스며드는 과정을 거쳐 그것을 소비하고 있습니다. 행복과 미에 대한 개념과 윤리, 도덕과 예의에 대한 관점은 대체로 우리를 둘러싸고 있는 집단의식의 산물입니다. 우리는 우리 자신과 가족과 함께 훌륭한 취향과 아름다운 이상을 함양하며 살 수도 있었을 것입니다. 그러나 우리와 전혀 다른 취향과 습관을 가진 사람들과 함께 살아가다 보면 그것을 잃어버릴 수도 있죠. 우선은 불편함을 느낄 테고, 시간이 지나면서 다수의 생각에 익숙해질 테고, 결국엔 아무런 자각의 과정도 없이 다수를 쫓게 됩니다.

맹자 어머니는 어느 날 바로 이것을 깨닫고, 더 좋은 환경으로 옮기기 위해서 노력합니다. 아들이 길거리에서 친구들과 함께 폭력적인 행동을 흉내 내는 것을 보았거든요. 건강한 마음을 가진 사람들과 함께 살아가면서, 우리는 마음속에 자리하고 있는 우리 자신의 가장 좋은 자질을 잘 키우고 보호할 수 있습니다. 그리고 사회 변혁에 일조할 수 있는 상한 집단의식도 함께 함양할 수 있게 됩니다.

『네 가지 음식에 대한 경』(가끔 『아들의 살에 대한 경』이라고 불린다)은 매우 훌륭한 경전이고, 오늘 우리 사회에 정말 필요한 경전입니다. 이 경전은 폭력과 증오, 절망 같은 엄청난 종류의 독성들을 소비하고 있는 우리 사회가 그 고통과 질병으로부터 벗어날 수 있는 길을 우리에게 보여줍니다.*

*최근에 출판된 나의 저서 『맛: 마음을 기울인 식사, 마음을 기울인 삶』을 읽는다면, 이 중요한 주제를 좀 더 깊이 이해할 수 있을 것입니다._지은이

mindfulness
is not
for sale

행복을 위한 쇼핑

●

마음챙김은 우리가 가질 수 있는 가장 소중한 자산입니다. 그것은 우리 자신과 다른 사람들에게 사랑과 행복 그리고 아주 많은 다른 선물들이 가능할 수 있도록 해주죠. 그러나 어떤 상점에서도 팔지 않아요. 아무리 많은 돈을 지불할 준비가 되어 있다고 해도 말이죠. 우리는 스스로 그것을 만들어야만 합니다.

마음챙김을 사서 집으로 가져오기 위해 상점에 갈 수는 없습니다. 그러나 쇼핑을 갈 때는 마음챙김과 함께 가고자 하고 그렇게 할 수 있습니다. 우리는 자신과 사회에 기쁨과 건강을 가져오는 것들을 소비하고자 한다는 것을 이미 알고 있습니다. 그래서 끊임없이 우리를 유혹하는 진열대 위의 물건들을 지나갈 때, 그냥 지나갈 수 있는 마음챙김 에너지가 필요합니다. 마음챙김은 우리가 삶에서 무엇이 진정으로 필요하고 무엇을 진정으로 원하는지 분명히 알아차리도록—더 오래 수행할수록 점점 더 분명하게—합니다. 또한 정말로 잘할 수 있는 것도 알게 하죠. 그 어떤 행복도 희생하지 않고 온갖 '물건'을 사는 데 돈을 낭비하지 않게 됩니다. 사실 우리는 끊임없이 더 새롭고 크고 멋진 집과 차, 그리고 온갖 물건들을 사야 한다는 압박으로 재정난에 시달리지 않을 때, 스트레스는 더 적고 즐거움은 더 큰 직업을 가질 수 있고, 그 때문에 더 행복할 수 있습니다.

자, 이제 당신은 어떤 물건들을 사야 하고, 시간은 별로 없습니다. 당신은 어떻게 영리한 광고에 넘어가지 않고 그냥 있을 수 있을까요? 어떻게 당신의 건강을 양보하지 않고, 노동자와 동물들, 지구 착취를 가속화시키지 않는 상품을 선택할 수 있을까요?

상점이든 온라인 쇼핑이든, 배가 고프거나 피곤하거나 마음이 산란할 때는 하지 마세요. 당신이 필요한 물품의 목록을 먼저 만들어 보세요. 이것을 만드는데 드는 짧은 시간이 필요하지 않은 물건들을 살지 말지 고민하는 시간을 줄여줘서 오히려 더 큰 보상이 될 수도 있습니다. 그리고 심지어 어떤 것은 정말 원치 않게 될 수도 있어요. 출발하기 전에 당신의 목록을 다시 점검해 보세요. 그리고 정직하게 자신에게 물어보세요. "이것이 정말 필요하니? 이것을 사면 다른 생명들의 고통을 줄이기 위해 이 돈을 기부하는 것보다 더 행복할 수 있을까?"

지금, 여기에서 행복하게 살기

●

알아차림 상태에서 호흡하고 걷는 것은 마음챙김 에너지를 만들어 냅니다. 이 에너지는 우리에게 지금, 여기에 존재하기 위하여 마음을 몸으로 데려오게 하고, 그래서 우리는 우리의 내면과 주변에 있는 삶의 경이로움에 접속할 수 있게 됩니다. 만일 이런 삶의 경이로움을 알게 된다면, 우리는 바로 행복하게 됩니다. 현재, 이 순간을 충만하게 살면서 우리는 행복의 조건들을 이미 다 가지고 있음을 발견하게 되는 것이죠. 사실은, 그 이상입니다. 우리는 미래나 다른 어떤 곳에 더 이상 그 무엇을 찾기 위해 가려고 할 필요가 없습니다. 우리가 현재에 행복하게 머무르다, 또는 살다라고 말하는 것이 이것입니다.

부처님은 말씀하십니다. 우리는 모두 바로 지금, 여기에서 행복하게 살 수 있다고 말입니다. 지금, 여기에서 행복할 때 우리는 멈출 수 있습니다. 욕망의 그 어떤 대상도 더 이상 쫓을 필요가 없습니다. 우리의 마음은 고요합니다. 마음이 아직 고요하지 않다면, 여전히 흔들린다면, 우리는 진정으로 행복할 수 없습니다. 행복한 것과 그렇지 않은 것은 외부의 어떤 것 때문이 아니라 대부분 우리의 마음 상태에 달려 있습니다. 행복한가 그렇지 않은가를 결정하는 것은 우리 자신의 태도이며, 사물을 보는 방식이며, 삶을 향해 다가가는 마음입니다. 우리는 이미 행복할 수 있는 조건을 많이 가지고 있습니다. 그런데 왜 더 많은 것을 찾아 다녀야만 하는 걸까요? 멈춰야 합니다. 또 다른 유혹을 쫓아가면 안됩니다. 이것이 현명한 길입니다. 그렇지 않으면 이런저런 목표를 끊임없이 쫓아다닐 테고, 설사 그것을 성취한다고 해도 우리는 여전히 행복하지 않은 자신을 발견하게 될 것입니다.

어느 날, 부처님께서 제따 숲의 급고독원에서 설법을 하시려고 할 때, 재가자이며 상인인 아나타삔디까 장자가 부처님의 설법을 듣기 위하여 수백 명의 동료들을 데리고 왔습니다. 부처님은 지금, 여기에서 행복하게 사는 수행을 그들에게 가르치셨습니다. 우리는 물론 일도 계속하고 성공도 해야 하겠죠. 그러나 우리 자신에게 마음챙김의 삶을 살아가겠노라는 본인 의사 또한 분명히 밝혀야만 합니다. **바로 지금**, 여기에서 행복하기 위해서. 그리고 삶이 우리에게 건네준 소중한 사람들을 사랑하고 보살필 수 있는 귀중한 기회를 놓치지 않기 위해서. 우리가 미래의 성공만을 생각하면서 주어진 시간을 다 소비한다면, 우리는 완벽하게 우리의 삶을 잃게 됩니다. 왜냐하면 삶이란 오직 지금, 여기에서만 발견될 수 있는 것이니까요.

신의 왕국은
지금, 아니면 없다

●

우리는 우리의 내면과 도처에 자리하고 있는 삶의 경이로
움을 즐길 수 있어야 합니다. 소나무 가지들이 바스락거리
며 속삭이는 소리. 활짝 핀 꽃들. 아름다운 푸른 하늘. 솜
털 같은 흰 구름. 이웃의 부드러운 미소. 이 모든 것들은 우
리를 살찌우고 치유해주는 능력을 지닌 삶의 작은 기적들입
니다. 바로 지금, 그것들은 우리를 위해 여기에 있습니다. 문
제는, 우리는 그 모든 것들을 위해 여기에 존재하나요? 만일
우리가 끊임없이 분주히 돌아다닌다면, 우리의 마음이 끊임
없이 계획을 세우고 걱정에 사로잡혀 있다면, 이는 마치 삶
의 경이로움이 아예 존재하지 않는 것처럼 사는 것과 마찬가
지입니다.

　신의 왕국, 석가모니 부처님의 정토는 바로 여기입니다. 한
걸음, 한 걸음씩 걸으면서 우리는 이 왕국을 즐기기 위해 수

행해야 합니다. 오늘, 바로 지금, 우리의 행복을 누릴 수 있어야 합니다. 내일은 너무 늦을 수도 있어요. 오래된 프랑스 노래가 하나 있습니다. "행복하기 위해서 우리는 무엇을 기다리고 있는 거죠? 왜 마음껏 즐기는 것을 기다리고 있는 거죠?" 명상은 일상의 매 순간을 깊이 있게 살아가는 수행입니다. 그러기 위해서 우리는 호흡과 걷기로 마음챙김과 집중을 할 수 있어야 합니다.

마음챙김은 지금, 여기에서 무슨 일이 일어나고 있는지를 알아차리는 것입니다. 그리고 집중은 그것에 대한 주의와 관심을 유지하게 해주는 것입니다. 마음챙김과 집중으로 우리는 현재 무슨 일이 일어나고 있는지 깊이 들여다볼 수 있고 이해할 수 있습니다. 무지의 베일을 뚫고 실체의 본성을 분명하게 볼 수 있게 되며, 내면의 불안, 두려움, 화, 절망으로부터 자유로워질 수 있습니다. 이것이 통찰입니다. 마음챙김, 집중 그리고 통찰은 명상의 정수입니다.

마음을 집중한다는 것

●

『완전한 알아차림의 호흡에 대한 경』에서, 부처님은 호흡 수행을 위한 일련의 열여섯 가지 깊은 수행을 말씀하셨습니다. 그 중 열한 번째 수행이 '마음을 집중한다는 것'입니다. 우리의 마음챙김이 자리를 잘 잡으면, 우리는 깊은 집중으로 향할 수 있습니다. 집중은 마음의 집중입니다. 우리가 무슨 생각을 하든지 아주 깊이 들여다볼 수 있도록 이끌어 주는 에너지입니다. 그것이 꽃이든 구름이든 조약돌이든 사랑하는 사람이든 원수든, 아니면 희망이나 절망 같은 느낌이든, 그 것이 무엇이든지 간에 말입니다. 집중은 우리가 생각하는 대상의 근원과 참 본성을 유심히 들여다볼 수 있도록 해줍니다. 진정으로 마음에 집중할 때, 그것은 햇빛 속의 돋보기와 같아서 화, 불안, 갈망, 절망을 부추기는 많은 그릇된 관점들을 태워 없애는 힘을 발휘하죠.

깊이 바라보는 이런 수행을 통해 스스로를 해방시키는 데 성공하기 위한 하나의 방편으로 부처님은 관조觀照를 말씀하십니다. 무상無常과 무아無我, 공空, 무상無相 그리고 생사도 없고 목적도 없으며 아무런 바람도 없는 것에 대한 관조. 수행을 시작하기 위해 한 가지 또는 두 가지에 대한 관조를 선택할 수 있습니다. 예를 들어 무상과 무아에 대한 관조, 이런 식으로 말이죠.

무상無常에 대한 관조

●

당신은 이미 무상의 개념을 이해하고 그것을 실제로 받아들였을 수도 있습니다. 그러나 무상이 단지 지적 차원에서 지식으로 자리잡고 있진 않나요? 일상 속에서 당신은 여전히 모든 것이 영원한 것처럼 생각하고 행동하고 있진 않나요? 무상의 **개념**을 이해하는 것만으로는 당신이 경험하고 살아온 방식을 바꾸기에는 충분치 않습니다. 오직 **통찰**만이 진정으로 당신을 해방시킬 수 있고, 그 통찰은 무상에 대한 관조라는 수행이 수반되지 않는 한 일어나지 않습니다. 당신의 일상에서 무상에 대한 알아차림을 늘 간직하고 놓치지 않아야 한다는 것을 의미하는 것이죠. 무상에 대한 생각의 **집중** 그리고 그 집중이 하루 동안 내내 살아있도록 하는 것을 말합니다. 무상에 대한 알아차림이 당신이라는 존재에 스며들 때, 그것은 놀랍도록 새로운 방식으로 당신의 모든 행동을 빛나게 하고 진정한 자유와 행복을 당신에게 선사합니다.

예를 들어, 당신이 사랑하는 그 사람이 영원하지 않다는 것을 당신은 압니다. 그러나 당신은 마치 그 사람이 영원할 것처럼 생각하고 행동하며 그 사람이 변함없는 모습으로 영원히 그 자리에 있을 것이라고 기대합니다. 똑같은 시선과 똑같은 생각으로 말이죠. 그러나 실제는 정확히 반대입니다. 그 사람은 내면뿐만이 아니라 외모도 변하고 있습니다. 오늘 그 자리에 있는 사람이 내일 그 자리에 없을 수도 있습니다. 오늘 강인하고 건강한 그 누군가가 내일은 병석에 누워 있을 수도 있습니다. 오늘 그리 친절하지 않았던 사람이 내일은 친절하고 다정한 사람이 될 수도 있습니다.

이 사실을 우리가 온전히 받아들일 때, 우리는 삶을 정말 능숙하게 살아갈 수 있고 또한 적절한 방향으로 걸어갈 수 있습니다. 우리가 알고 지내는 모든 사람들이 영원하지 않다는 것을 이해할 때, 그들의 행복을 위해 오늘 할 수 있는 일은 그것이 무엇이든지 우리는 하게 될 것입니다. 내일도 그들이 여전히 그 자리에 있을지 우리는 결코 알 수 없기 때문이죠. 그들은 지금, 여기 그대로 있습니다. 그러나 만일 우리가 그들에게 정성을 다하지 않는다면, 아마도 어느 날 그들은 떠날 것입니다.

만일 당신을 고통스럽게 한 누군가에게 화를 내고 싶거나 보복의 화살을 날리거나 상처 주는 어떤 말을 하고 싶다면, 부디 눈을 감고 길고 깊은 호흡을 하세요. 그리고 무상에 대한 관조를 해보세요.

지금, 화로 인한 열기를 느끼면서,
나는 눈을 감고 미래를 들여다봅니다.
지금부터 삼백 년 후에,
당신은 어디에 있을까요?
나는 어디에 있을까요?

이것은 심상 수행입니다. 지금부터 삼백 년 후에 당신과 당신이 벌을 주고 싶은 사람이 무엇이 될지 당신은 봅니다. 먼지군요. 당신과 그 사람의 무상함을 깊이 들여다보면서, 삼백 년 후 당신과 그가 먼지인 것을 분명하게 바라보면서,

this is in that
and that is in this

서로에게 화를 내고 고통스럽게 하는 것이 얼마나 바보 같은 짓인지, 얼마나 큰 불행인지, 그로 인해 얼마나 삶을 낭비하고 있는지 당신은 곧바로 알게 됩니다. 지금, 여기 당신의 삶 속에 그 사람이 존재한다는 것이 보배라는 것을 당신은 알게 됩니다. 당신의 화는 녹아내립니다. 눈을 뜨고, 당신은 더 이상 그를 벌하고 싶지 않습니다. 당신이 원하는 모든 것은 그저 그 사람을 깊이 껴안고 싶은 것뿐입니다.

무상을 깊이 응시하면 당신은 화라는 사슬에서 풀려나올 수 있습니다. 마음을 집중함으로써 당신은 그것을 풀어 줄 수 있습니다.

무아無我 그리고 공空에 대한 관조

●

앞에서 언급했던 "내 안의 나의 아버지, 내 안의 나의 어머니"에서, 우리는 아이 내면의 부모의 존재에 대해서 이야기했습니다. 아이가 어떻게 부모의 연속인지, 아이가 어떻게 부모인지, 아이의 행복이 어떻게 부모의 행복인지, 어떻게 부모의 고통이 아이의 고통인지를 면밀히 보았죠. 이러한 알아차림을 지속하면 우리는 무아無我를 깊이 응시하게 됩니다. 그 어떤 것도 서로 떨어져 독립된 개체로 홀로 존재할 수는 없습니다. 우리가 '자아'라고 부르는 것은 전적으로 '무아'라는 요소로 되어 있습니다.

마찬가지로 공空이라는 것도 다른 모든 것들로부터 떨어져 따로 존재하는 자아라는 것이 없음을 말합니다. 예를 들어 꽃은 그 자체로 홀로 '존재'할 수 없습니다. 씨앗, 비료, 비, 햇빛 같은 꽃이 아닌 요소들로 이루어져 있지요. 만일 당신이 꽃으로부터 꽃이 아닌 요소들을 추출하려고 한다면 그 꽃은 더 이상 꽃으로 존재할 수 없습니다. 공은 아무것도 없다거나 아무것도 존재하지 않는다는 것이 아닙니다. 그것은 모든 것과 분리되어 '홀로' 존재하는 독립체 같은 것은 없다는 의미입니다. 모든 현상은 자신을 드러내기 위해서 다른 모든 현상들에 의존합니다. 이것이 있음으로 저것이 있고, 저것이 없으므로 이것이 없습니다. 공을 관조하는 것은 또한 상호 의존적으로 존재함('연기緣起'라고 불리우는 것)을 관조하는 것입니다. 이것은 저것 안에 있고, 저것은 이것 안에 있습니다. 이것이 저것입니다. 이것은 저것이 없으면 존재할 수 없습니다.

무상無相 그리고
생사 없음에 대한 관조

●

무상에 대한 관조의 목적은, 우리가 겉모습, 즉 외형의 덫에 걸려들지 않도록 인도하는 것입니다. 상相이 있는 곳에 속임수가 있습니다. 부처님은 『금강경』에서 이 상에 대한 말씀을 하십니다. 예를 들면, 수증기가 바로 우리 앞에 있습니다. 단지 우리가 그것을 볼 수 없기 때문에 그것은 존재하지 않는다라고 보면 안 되는 것이죠. 구름이 비가 되어 내릴 때 우리는 구름이 가버렸다고 말할 수 없습니다. 수증기는 눈에 보이지 않지만 찬 공기를 만나면 바로 안개나 서리로 변하여 우리 눈에 보이게 됩니다. 그때 우리는 안개나 서리가 애초에 '실재하지 않았던 것'에서 '실재하는 것', 눈에 보이는 것이 됐다라고 말할 수 없습니다. 이것은 단순히 그 형태가 바뀐 것뿐이고 우리가 부르는 이름이 달라진 것뿐입니다.

　태어남이 없다는 것은 모든 실체의 진면목, 참 본성을 묘

just because we
can't see it
that doesn't mean
it doesn't exist!

사하는 또 다른 표현입니다. 우리가 사물의 외형을 바라볼 때, 생과 사, 성공과 실패, 있음과 없음, 오다와 가다 등을 봅니다. 그러나 좀 더 깊이 들여다보면, 태어남도 죽음도 없고, 어디서부터 오는 것도 어디로 가는 것도 없고, 있음도 아니고 없음도 아니고, 모든 것이 하나의 완전한 독립체도 아니지만 완전히 분리되어 따로 떨어져 있는 것도 아님을 볼 수 있습니다.

구름은 아무것도 없는 것에서 어떤 것이 된 게 아닙니다. 구름으로 나타나기 전에 그것은 이미 강이나 바다에서 물로 거기에 있었습니다. 태양의 열기로 그것은 수증기가 되었고, 그리고나서 작은 물방울들이 함께 모여서 구름이 되었습니다. '없음'에서 '있음'으로 흘러가지 않았습니다. 이것이 태어남이 없다는 것의 의미입니다.

이후에 구름은 자기 모습을 완전히 바꿔서 비나 눈, 우박, 안개 또는 작은 시냇물이 되기도 합니다. 구름은 '있음'에서 '없음'으로 사라진 것이 아닙니다. 그것의 본성은 태어나지 않을 뿐만이 아니라 죽지도 않는 것이거든요. 구름의 참 본성(자성自性)과 당신과 나를 포함한 존재하는 모든 것의 참 본성은 태어나지도 않고 죽지도 않는 것입니다.

일단 당신의 내면에서 생도 사도 없다는 통찰이 일어나면, 당신은 더 이상 어떤 두려움도 겪지 않을 것이고 또한 엄청난 자유를 경험하게 될 것입니다. 이것이 명상의 가장 귀한 결과입니다.

we are
already
what we want
to become

목적 없음에 대한 관조

●

목적 없음에 대한 관조는 우리에게 이것, 저것, 오만가지를 찾아 쫓아다니도록 강요하는 느낌을 멈출 수 있게 합니다. 그 느낌은 우리의 정신과 육체를 지치게 만드는 것이지요. 목적 없음은 그 어떤 것도 뒤쫓지 않는 것을 의미하고, 뒤쫓기 위하여 우리 앞에 그 어떤 대상도 세워놓지 않는 것을 의미합니다. 행복은 바로 지금, 여기에서 가능합니다. 우리는 이미 우리가 되고자 하는 그 무엇입니다.

그것은 파도가 광대무변한 바다와 접속하기 위해 찾아 헤매는 것과 같습니다. 바다가 이미 파도 그 자체이고 파도의 근원이라는 것을 깨달을 때, 파도는 더 이상 바다를 찾아 다른 곳을 헤매지 않습니다. 당신이 돌아서는 곳, 그곳에 경이로운 삶이 이미 존재합니다. 신의 왕국, 부처님의 정토는 이미 바로 여기 있습니다. 우리 내면에, 우리 주변에 이미 있습니다. 진정한 행복도 이와 같습니다. 목적 없음을 관조하면 사방으로 돌진하고 있는 우리 자신을 멈출 수 있게 되고, 그리하여 만족과 기쁨을 누릴 수 있게 됩니다.

욕망 없음에 대한 관조

●

욕망 없음에 대한 관조는 우리의 욕망을 하나의 대상으로 놓고 깊이 바라보는 것을 말합니다. 깊이 바라보면, 욕망을 쫓는다는 것이 가져올 수 있는 위험과 재앙과 고통을 볼 수 있게 됩니다. 물고기 한 마리가 바로 눈앞에서 통통하고 맛있는 먹이가 춤추는 것을 보고 있을 때, 만일 그 먹이 안에 날카로운 고리가 숨겨져 있다는 것을 알면 그는 절대로 그것을 물지 않을 것입니다. 자신의 생명을 구하게 되는 것이죠. 욕망보다 갈애보다 우리 자신이 훨씬 더 크고 위대한 존재라는 것을 잊지 않고 기억할 때, 우리는 이미 진정으로 필요한 것들을 다 갖춘 존재임을 알고 있는 자신에게 다가갈 수 있습니다. 욕망 없음에 대한 관조로 자유로워지고 갈망의 희생자가 될 필요가 없게 됩니다. 그 자유로 인해 우리는 안락하고 평화로우며 행복하게 살아갈 수 있습니다.

true love
brings only
happiness
it never makes you suffer

무한한 사랑

●

진정한 사랑은 오직 행복만을 가져옵니다. 절대로 당신을 고통스럽게 만들지 않아요. 불교에서 말하는 진정한 사랑은 이해하는 것입니다. 우리가 사랑한다고 믿고 사랑을 주고 있는 그 사람을 이해하지 못할 때, 그를 더 많이 사랑할수록 더 고통스럽게 하는 결과를 낳게 됩니다. 우리가 이미 보았듯이, 이해한다는 것은 나 자신과 다른 사람의 고통과 괴로움의 근원을 볼 수 있게 해주는 모든 것의 시작입니다. 자식들의 곤경과 고통을 이해하지 못하는 아버지는 그들을 결코 진정으로 사랑할 수도 없고 행복하게 만들어 줄 수도 없습니다. 그는 끊임없이 자식들을 꾸짖고 마음대로 하려고 하고, 때문에 고통스럽게 만들 것입니다. 우리가 누군가를 사랑한다고 생각하면서 그를 진정으로 이해하지 못한다면 우리는 결국 그를 아프게 하는 것입니다.

우리는 자신에게 물어봐야 합니다. 사랑하는 사람의 곤경과 고통을 이해할 수 있게 되었는가? 그 고통의 근원을 바라볼 수 있게 되었는가? 만일 그 대답이 아직 "네"가 아니라면, 우리는 이해하기 위한 노력을 더 해야만 합니다. "나의 아들, 딸들아, 너희들은 내가 너희의 곤경과 스트레스와 고통을 충분히 이해하고 있다고 생각하니? 만일 그렇지 않다면, 내가 너희들을 잘 이해할 수 있도록 부디 나를 도와다오. 내가 너희들을 제대로 이해하지 못했다면, 지금도 이해하지 못하고 있다면, 그러면 나는 너희들을 진정으로 사랑할 수도 없고 행복하게 할 수도 없단다. 나를 도와다오. 너희의 내면에 자리잡고 있는 곤경과 고통을 부디 내게 말해다오." 이것은 사랑의 언어로 마음을 전달하는 수행입니다.

우리가 우리 자신의 고통을 이해할 수 있다면, 다른 사람의 고통도 수월하게 이해할 수 있다고 불교는 가르칩니다. 그래서 우리는 먼저 우리 자신에게로 돌아와 내면의 고통을 들여다보아야 합니다. 그리고 그것으로부터 도망치려 한다거나 잊으려고 하는 충동적인 느낌에 굴복해서는 안됩니다. 부처님의 가르침 중 가장 근본적인 핵심은 '사성제'인데, 그 중 첫 번째 진리는 바로 고통을 인정하는 것입니다. '고'는 거기 있는 것이니까요. 두 번째 진리, '집'은 그 고통의 본성을 들여다보고 원인을 깊이 응시하는 것입니다.

일단 우리가 고통의 뿌리를 들여다볼 수 있게 된다면, 우리는 그것을 완전히 바꿀 수 있는 방법을 알게 됩니다. 즉, 고통의 전환과 함께 그 끝을 향하는 길로 들어서는 것이죠. 이것이 네 번째 진리, '도'입니다. 세 번째 진리, '멸'은 고통의 멈춤, 사라짐을 말하고 이는 또한 행복의 현존을 의미합니다. 고통이 없음은 행복이고, 이는 어둠이 없음은 빛이 있음과 같은 것입니다. 사성제의 가르침은 불교의 핵심 가르침이고, 경이로우면서 매우 실용적인 가르침입니다. 그것은 우리를 괴롭히는 모든 것들을 진단하고 치유하기 위한 불교적 방법입니다.

불교의 가르침은 또한 우리가 다른 사람을 진정으로 사랑하기 전에 자신을 먼저 사랑해야 한다고 말합니다. 자신의 고통을 이해하고 완화시킬 수 있을 때에만 다른 사람의 고통을 덜어 줄 수 있다는 것이죠. 다른 사람이 행복할 수 있도록 도움의 손길을 뻗기 전에 우리 자신이 먼저 행복해야 한다는 것입니다. 프랑스 격언이 하나 있습니다. "진정한 관용은 자신을 이해하는 것부터 시작된다." 행복을 준다는 것은 **자애**의 수행이고, 불교에서 이것은 진정한 사랑의 네 가지 요소 중 첫 번째입니다.

진정한 사랑의 네 가지 요소 중 두 번째는 **연민**입니다. 고통을 덜어주는 것에 관한 것이지요. 자애와 연민은 무한합니다. 수행을 통해서 자애와 연민은 무럭무럭 자라고 그것들은 우리 자신의 온 존재를 껴안을 수 있습니다. 그리고 다른 모든 사람들과 궁극엔 모든 생명 있는 것들까지 다 안을 수 있습니다. 자애와 연민은 가끔은 '광대무변한 마음'이라고도 하고 무한한 사랑의 두 가지 요소이기도 합니다. 이 광대무변한 마음의 나머지 다른 두 가지, 또는 진정한 사랑의 네 가지 요소 중 다른 두 가지는 **기쁨과 차별 없음(평등심)**입니다.

진정한 사랑은 환희심을 가져다 줍니다. 그것은 매우 기쁘고 충만한 느낌입니다. 만일 당신의 사랑이 숨막힐 듯 답답

We have to love
ourselves
before we can truly
love anyone else

하다면, 그 사랑이 당신과 당신이 사랑하는 사람을 언제나 울게 만든다면, 그것은 진정한 사랑이 아닙니다. 우리의 존재, 우리의 언어, 우리의 행동, 심지어 우리의 생각까지 환희심과 즐거움을 가져올 수 있어야 합니다. 다른 이의 기쁨이 우리의 기쁨이고 그녀의 즐거움과 만족이 우리 자신의 즐거움과 만족입니다. 그녀가 행복해서 우리도 행복하고 그녀의 성공이 우리의 성공입니다. 그리고 그녀의 자유와 안락이 우리 자신의 자유이고 안락입니다.

마음챙김을 수행하면서 우리는 지금, 여기에 이미 있는 모든 행복의 조건들을 알아차릴 수 있게 됩니다. 우리는 수많은 행복한 순간들을 살아가고 있고, 이것은 아주 자연스럽게 우리를 기쁘게 합니다. 마음챙김은 우리에게 행복을 가져다주고, 집중은 그 행복을 더 크고 강하고 단단하게 만들어줍니다.

평등심은 경계를 짓지 않는 것이고, 어느 한쪽으로 치우치지 않는 것이며, 차별하지 않고 거부하지 않는 것입니다. 진정한 사랑은 피부색이나 인종 또는 종교에 근거해 차별하시

않는 것이며, 그 누구도 배제해서는 안되는 것이어야 합니다. 이것은 모든 인간과 생명들을 포용할 수 있는 가장 숭고한 사랑입니다. 이것은 부처님의 사랑입니다. 우리가 이런 방법으로 사랑을 할 때, 사랑하는 사람과 사랑받는 사람 사이에 아무런 경계가 없음을 알게 되고 따로 분리된 독립체가 아님을 알게 됩니다. 평등심으로 우리의 사랑은 진정으로 무한한 사랑이 됩니다.

깊고 연민 어린 경청

●

깊은 경청은 수많은 치유의 기적을 낳는 명상수행입니다. 지금까지 아무도 들을 수도, 이해할 수도 없었던 자신만의 고통과 아픔을 마음속에 지니고 있는 한 사람을 생각해 보세요. 그 사람의 고통을 덜어주기 위해서 조용히 앉아 깊이 경청하는 사람, 모든 생명에 대한 무한한 자비심으로 살아있는 사람, 우리는 바로 그 보살이 될 수 있습니다. 다른 사람의 이야기를 깊이 경청하고자 할 때, 그들이 자신의 마음을 비우고 아픔을 놓아버리도록 돕겠다는 오직 그 목적 하나만을 상기시키기 위하여 우리는 마음챙김과 함께 해야만 합니다. 그 목적에 집중할 수 있을 때, 다른 이의 말이 잘못된 인식들로 점철되어 있거나 신랄하고 빈정대고 판단하고 비난으로 가득 차 있다고 해도, 우리는 깊은 경청을 계속할 수 있습니다.

patience
is one
of the
marks
of true
love

온 마음을 다하여 진심으로, 자애와 연민을 간직한 채로 깊은 경청을 하면, 다른 사람들이 어떤 말을 하든 우리의 마음에 걸림이 없습니다. 우리는 자신에게 이렇게 말하죠. "안타깝게도 그는 잘못된 인식을 너무 많이 하고 있고, 분노와 상처로 자신을 태워버리고 있다." 우리는 경청을 계속합니다. 그리고 나서 좋은 기회가 다가오면, 그 사람에게 실제를 더 분명하게 볼 수 있도록 더 정확한 정보를 제공할 수 있습니다. 화와 고통은 잘못된 인식으로부터 태어난 것입니다. 우리가 실제라는 그림을 더 정확하게 그릴 수 있을 때, 화와 고통의 먹구름은 사라집니다. 이것을 알기 때문에 우리는 조용하게 앉아 주의 깊은 경청을 계속할 수 있는 것입니다.

우리는 다른 사람이 자신의 마음에 있는 모든 이야기를 할 수 있도록 해줘야 합니다. 그녀가 모든 것을 쏟아낼 수 있도록 격려해주고 이야기 도중에 끼어들지 말고 그녀를 바로 잡으려고 해서도 안됩니다. 한 시간의 이런 깊은 경청을 통해 그녀의 고통은 엄청나게 많이 줄어들고 훨씬 가벼워진 느낌을 갖게 됩니다. 인내는 진정한 사랑의 또 다른 표현입니다.

기다려야 합니다. 그런 다음 그녀가 잘못된 인식을 바로잡을 수 있도록 도움을 줄 수 있는 정확한 순간을 찾아야 합니다. 그리고 한꺼번에 도움이 되는 정보를 다 주려고 하면 안 됩니다. 왜냐하면 그녀는 그것을 한번에 다 소화시킬 수 없을 수도 있고, 완전히 거부할 수도 있으니까요. 우리는 그녀가 모든 잘못된 인식으로부터 벗어날 수 있도록 그녀가 받아들일 수 있을 만큼의 적은 양의 정보를 전달해야 합니다. 아무런 판단을 하지 않는 경청은 또한 우리에게 우리 자신의 잘못된 인식을 발견하고 바로잡을 수 있는 기회를 줍니다. 이런 일이 일어나면, 우리는 바로 다른 사람에게 사과를 할 수 있게 되죠.

불교에서, **관세음보살**은 자애와 연민을 지니고 경청을 하시는 특별한 분입니다. 여기, 플럼 빌리지에서 이 수행을 위해 우리가 매일 낭송하는 노래가 하나 있습니다.

우리는 당신의 이름을 부릅니다, 관세음보살.
우리는 세상의 고통을 덜어주기 위하여 귀 기울여

끊임없이 들으시는 당신을 닮고자 간절히 원합니다.

당신은 이해하기 위하여 깊이 듣는 것이 어떤 것인지
아십니다.

우리는 어떤 편견도 가지지 않고 앉아서 들을 것입니다.

우리는 어떤 판단도 대응도 하지 않고 앉아서 들을 것입니다.

우리는 이해하기 위해서 앉아서 들을 것입니다.

우리는 말하여지고 있는 것과 또한 말하여지지 않고
남겨진 것을 들을 수 있도록 주의깊게 앉아서
들을 것입니다.

단지 깊은 경청으로 우리는 이미 다른 이의 수많은 고통과
아픔을 덜어내고 있음을 알고 있습니다.

사랑의 언어

●

사랑의 언어로 말하기 또한 명상수행입니다. 우리는 우리의
고통과 고난은 물론 모든 진실과 생각과 느낌을 말할 권리
와 책임이 있습니다. 그러나 판단과 비난, 냉소와 짜증의 언
어는 사용하지 않습니다. 우리는 사랑의 언어를 말합니다.
다른 사람들이 우리를 이해하고 도움을 줄 수 있도록 오직
우리 자신의 고통과 어려움에 대해서 말합니다. 아마도 우리
가 잘못된 인식을 하고 있을 수도 있고, 그래서 다른 사람들
에게 그것들을 제대로 바라볼 수 있도록, 우리에게 결여된
더 정확한 정보들을 제공해 주기를 부탁할 수도 있다는 것
을 겸허하게 받아들입니다. 사랑의 언어로 말하는 이 수행
은 연민 어린 깊은 경청의 수행과 함께 소통을 다시 할 수 있
는 포용력을 가져다주고 깊고 성숙한 관계를 맺을 수 있도록
이끌어 줍니다. 마음을 한데 모아서 편지를 써 보세요. 편지에

쓰인 사랑의 언어들은 최상의 변화와 치유를 가져올 수 있습니다. 편지를 받는 사람뿐만이 아니라 보내는 사람에게도.

화 돌보기

●

짜증과 화는 에너지입니다. 그 에너지가 올라올 때, 수행가로서 우리는 즉시 의식적인 호흡으로 돌아와야 하고 걷기 명상을 해야 합니다. 그 화를 알아차리고 돌보기 위해서 마음챙김 에너지를 생산해야 하기 때문이죠.

숨을 들이쉬며, 나는 내가 화가 났다는 것을 알아차립니다.
숨을 내쉬며, 나는 이 화의 에너지를 잘 돌보고 있습니다.

우리는 이 화의 에너지를 알아차리고 깊이 껴안기 위해서, 마음챙김 에너지를 생산해 낼 수 있는 위와 같은 방법으로 꾸준히 수행을 해야 합니다.

절대로 화라는 에너지가 우리의 관심을 받지 못하고 스스로 계속 부풀려지도록 내버려 두면 안됩니다. 그것을 잘 돌보기 위하여 우리는 마음챙김 에너지를 소환해야 합니다.

마음챙김은 아파서 우는 아기를 안아주기 위해 다가오는 어머니와 같아요. 우리의 화는 딱 우는 아이와 같습니다. 정신없이 우는 아이를 어머니가 다가와 두 팔로 부드럽게 안으면, 아이는 이미 기분이 좋아지기 시작하죠. 화도 그렇습니다. 마음챙김으로 부드럽게 안아줄 때 그것은 진정되기 시작합니다.

어느 때라도 화가 나면 이런 방법으로 수행해 보세요. 그리고 화가 난 그 상황에 대해서 어떤 말이나 행동을 하려고 애쓰지 마세요. 상상해 보세요. 당신이 일이 있어서 멀리 나갔다가 돌아와 보니 집에 불이 나서 타고 있습니다. 당신이 해야 할 가장 첫 번째 일은, 방화범을 찾는 것도 그를 호되게 질책하는 것도 재판에 넘기는 것도 아닙니다. 먼저 그 불을 꺼야 하는 것이죠. 그래서 집이 모조리 타버리지 않도록 하는 것입니다. 화가 당신 안에서 확 일어났을 때 뭔가를 말하거나 행동으로 나타내고 싶은 충동에 휘말리지 마세요. 당신의 호흡으로 돌아와서 감정을 먼저 돌봐야 합니다.

화가 진정되기 시작하면 우리는 그것의 원인을 들여다볼

수 있게 됩니다. 아마도 잘못된 인식이 화를 나게 했을 것입니다. 우리는 누군가 의도적으로 우리를 화나게 하려고 어떤 짓을 했거나 말을 했을 것이라고 믿을 수도 있습니다. 사실은 그들은 그럴 의도가 아니었는데도 말이죠. 이런 생각이 들면 우리는 잘못된 인식을 알아차리게 되고 화는 사라집니다. 만일 이런 방법의 수행이 스물네 시간이 지난 후에도 여전히 출구를 못 찾고 있다면, 우리는 상대에게 지금 무슨 일이 일어나고 있는지 알도록 이야기해야 합니다. 만일 직접 차분하게 이야기할 수 없다면 편지를 써 보세요. 반드시 세 가지를 말해야 합니다.

1. 나는 당신으로 인해 화가 났고, 당신이 이것을 알기를 원합니다.
2. 나는 수행을 위해서 최선을 다하고 있습니다.
3. 부디 나를 도와주세요.

이 세 문장을 쓰고 나면, 비록 편지가 아직 전해지기 전이라도 이미 우리의 화는 조금 가라앉아 있을 것입니다.

화가 났을 때, 우리는 상대에게 그것을 알게 할 책임이 있습니다. 그 상대는 아버지나 어머니, 형제나 자매들, 아들이나 딸, 친구, 동료일 수 있습니다. 그 사람이 당신이 화가 났다는 것을 알게 되면 그녀(그)는 되돌아보고 생각해 볼 것입니다. "내가 무슨 짓을 한 거지? 내가 무슨 말을 해서 그를 화나게 한 거지?" 그래서 위의 세 문장은 또한 그들이 수행할 기회를 갖게 하는 노련한 초대장의 역할을 하게 됩니다. 그 사람은 다른 많은 사람들처럼 당신이 실제로 화내지 않은 것에 감사하며 존중하게 될 것입니다. 그리고 화가 났을 때 어떻게 수행해야 하는지를 살피고, 마음챙김 호흡으로 돌아와 그 상황을 되돌아보는 시간을 갖게 된 것에 감사하게 될 것입니다.

세 번째 문장이 말하거나 쓰려고 할 때 가장 어렵습니다. 왜냐하면 화가 났을 때 우리는 당신이 전혀 필요하지 않다는 것을 보여줌으로써 그 사람을 벌하려는 경향이 있기 때문이죠. 이렇게 하는 대신에 그(그녀)의 도움을 요청하는 용기를 내야 합니다. 우리는 진실을 압니다. 그(그녀)가 정말로 필요하다는 것을. 그리고 자존심이 그 힘든 상황을 통과하며 화해하려는 우리의 의지를 막도록 해서는 안된다는 것도 압니다. 그래서 이 세 번째 문장을 실제로 말하거나 쓸 때마다 당신은 이미 당신의 고통의 수위가 내려가고 있음을 볼 수 있습니다.

이 세 문장을 신용카드 크기의 종이에 써서 지갑 안에 넣으세요. 그리고 당신이 화가 날 때마다, 특히 가장 사랑하는 사람 때문에 화가 날 때마다 꺼내서 읽어 보세요. 그러면 비록 화는 가라앉지 않더라도 당신은 정확하게 당신이 하고자 하는 것과 하고 싶지 않은 것을 알게 될 것입니다. 수천 명의 사람들이 지금 이 수행을 하고 있습니다. 그리고 그것을 통해 많은 어려움과 화해할 수 있게 되었습니다. 여러분 모두 성공하시기를 바라겠습니다!

당신의 모든 호흡

●

당신이 숨을 들이쉴 때, 몇 걸음 걸었을 때, 그 짧은 동안, 살아 있다는 것 그리고 다리와 발이 아직도 걷기(등산이나 뛰는 것)에 충분히 튼튼하다는 것을 당신은 알아차립니다. 살아 있다는 것, 이 아름다운 지구 위를 걷고 있다는 것이 이미 기적이라는 것을 깨닫게 됩니다. 그리고 걸음을 내디디며 그 기적 속에서 기쁨이 차오르죠. 마음챙김과 집중의 기적입니다. 그 어떤 순간에도 당신은 기적 같은 삶에 접속할 수 있고, 당신이 있는 곳이면 어디에서나 기쁨과 행복을 느낄 수 있습니다.

우리가 우리의 내면에, 주변에, 바로 그 자리에 있는 수많은 행복의 조건을 알아차릴 수 있다면, 다른 어떤 곳에서도 행복을 찾을 필요는 없다는 것을 깨닫게 됩니다. 또한 그것이 미래 어느 날 내게 올 것이라는 희망도 가질 필요가 없다는 것을 알게 됩니다. 행복은 지금, 여기에서 가능하다는 것을 아는 것은 정말 중요한 일입니다. 마음챙김으로 당신은 내면과 주변에 이미 있는 행복의 모든 조건을 알아차릴 수 있습니다. 행복하기에 부족함이 없는, 아니 그 이상의 조건들을 말이죠. 성경과 다른 신성한 경전에서도 같은 통찰을 발견할 수 있을 거라고 저는 생각합니다.

만일 당신을 위해 이미 존재하는 삶의 경이로움으로 늘 행복할 수 있다면, 당신의 몸과 마음에 스트레스를 줄 필요가 없고, 더 많은 것들을 사들이고 소유하기 위해서 이 행성에 스트레스를 줄 이유도 없습니다. 지구는 우리 아이들의 것입니다. 우리는 이미 너무 많은 것들을 지구로부터, 우리 아이들로부터 빌려왔습니다. 그리고 지금 진행되는 상황을 보면 아이들에게 온전한 지구를 돌려줄 수 있을지 확신할 수 없습니다. 그런데 실제로 우리 아이들은 누구인가요? 그들은 바로 우리입니다. 우리들의 연속체인 것이죠. 그래서 우리는 우리 자신을 부당하게 대우하고 있는 것입니다.

현대인의 삶의 방식 중 많은 것들이 무분별하게 마구잡이로 빌려다 쓰는 것으로 팽배해 있습니다. 더 많이 빌려올수록 더 많은 것을 잃게 됩니다. 깨어있는 의식으로 더 이상 그러지 않아야 한다는 것을 아는 것이 중요합니다. 우리가 성장하고 행복하기 위해 이용 가능한 것들이 지금, 여기에 이미 풍부합니다.

오직 이런 성찰만이 우리가 인류의 통제 불능과 자기 태만이라는 행동 방식에 연루되는 것을 막을 수 있습니다. 우리는 집단적인 자각이 필요합니다. 한 사람의 붓다로는 충분하지 않습니다. 우리의 행성이 기회를 갖기 위해서 우리 모두가 붓다가 되어야 합니다.

다행스럽게도 우리는 매 순간 깨어날 수 있는 힘과 깨달음을 얻을 수 있는 힘도 가지고 있습니다. 우리의 바로 그 평범한 삶 속에서, 그리고 네, 바쁜 삶 속에서 말이죠. 그래서 바로 지금 시작합시다. 평화는 바로 **당신의 모든 호흡** 속에 있습니다.

일상 수행을 위한 게송

게송은 우리가 지금, 여기로 돌아와 마음챙김 안에서 살아갈 수 있도록 도움을 주는, 일상에서 암송할 수 있는 짧은 시입니다. 명상을 하고 시를 읊는 훈련으로 **게송**은 선불교 전통에서는 필수적인 부분입니다. **게송**을 읊는 것은 어떤 특별한 지식이나 종교 수행을 필요로 하지 않습니다. 어떤 사람들은 그들을 현재로 계속 돌아올 수 있게 해주는 시를 찾아 외우고 낭송하기를 좋아합니다. 또는 이것을 써서 자주 볼 수 있는 곳에 놓아두는 것을 좋아하는 사람들도 있죠.

　게송을 읊는 일은 이천 년 이상 거슬러 올라갑니다. 1942년, 내가 처음 뚜 히에우 베트남 사원^{Tu Hieu Monastery}에 들어갔을 때, 중국의 명상가 두티^{Duti*}에 의해서 편집된 『매일을 위한 게송』^{**}의 사본을 받았습니다. 두티의 책에는 오십 개의 **게송**이 씌어 있었는데 옛날 승려들을 위한 것이었죠. 내가 사는 프랑스 플럼 빌리지에서 우리는 아침에 일어났을 때,

명상홀에 들어갈 때, 식사를 하는 동안, 설거지를 할 때 **게송**을 읊는 수행을 합니다. 사실 우리는 온종일 조용하게 **게송**을 암송합니다. 지금, 여기에 주의를 집중하기 위해서죠. 어느 여름에는 아이들과 어른들이 마음챙김 수행을 하는 데 도움을 주기 위해서 현대인의 삶에 적절한 **게송**들을 모으기 시작했습니다. 그 결과가 바로 이 게송 모음집입니다. 실용적이고 현실에 바로 적용될 수 있는 시들이죠.

우리는 자주 너무 바쁘게 사는 까닭에 우리가 무엇을 하고 있는지, 심지어 우리가 누구인지조차 잊고 삽니다. 저는 숨 쉬는 것조차 잊었다고 하는 사람들을 보았어요. 사랑하는 사람들을 바라보는 것도, 그들에게 감사하다는 말을 하는 것도 잊고 살아요, 아주 오랫동안. 심지어 여가시간에도 자신의 내면과 외부에서 무슨 일이 일어나고 있는지 접속하는 방법도 모르고 살고 있습니다. 그래서 마치 자신에게서

---

*두티讀體: 1601~1679. 명말 청초의 독체讀體 견월見月 율사를 말한다. 적광寂光을 스승으로 남산 율종을 중흥시킨 천화파千華派의 제이조第二祖다._옮긴이
**『매일을 위한 게송』:『비니일용절요毗尼日用切要』의 번역본이다. 올바른 수행을 위해 일상에서 지켜야 하는 계율에 대한 요령과 강령을 기록했다._옮긴이

탈출이라도 할 것처럼 텔레비전을 켜고 스마트폰을 손에 잡습니다.

명상은 우리의 몸과 느낌, 마음과 이 세상에 무슨 일이 일어나고 있는지를 알아차리는 것입니다. 일단 지금, 여기에 눈이 떠지면, 우리는 바로 눈앞에서 펼쳐지는 아름다움과 경이로움을 바라볼 수 있게 됩니다. 신생아와 하늘 위로 떠오르는 태양을 볼 수 있게 되는 것이죠. 그냥 우리 앞에 펼쳐진 것들을 알아차리는 것만으로도 행복해질 수 있습니다.

게송을 낭송하는 것은 우리가 지금, 여기에 살 수 있도록 도와줄 수 있는 한 가지 방법입니다. 마음을 **게송**에 집중하면 자신에게 돌아오게 되고 자신의 모든 행동에 더 깨어 있게 됩니다. **게송**이 끝나면 우리는 더욱 고양된 알아차림으로 일상을 지내게 되는 것이죠. 운전을 할 때 표지판은 길을 찾을 수 있도록 해줍니다. 표지판과 길이 하나가 되고 우리는 다음 표지판이 나올 때까지 그 길을 따라 계속 갑니다. 우리가 **게송**으로 수행할 때 그 **게송**과 우리의 삶은 하나가 되고 그리고 알아차림 속에서 온 삶을 살아가게 됩니다. 게송은 우리 자신뿐만이 아니라 다른 사람들도 알아차림으로 삶을 대하도록 합니다. 더욱 평화롭고 평온하며 기쁘다는 것을 알게 되고, 이것을 다른 이들과 함께 나눌 수도 있게 되죠.

게송을 암기할 때, 당신이 하는 행동과 관련된 게송을 암기하면 아주 자연스럽게 그것이 다가올 수 있습니다. 가령 물을 튼다거나, 차 한 잔을 마실 때, 관련된 게송을 암기하는 경우가 그렇습니다. 모든 게송을 한 번에 다 공부할 필요는 없습니다. 당신의 마음에 맞는 게송을 한두 개 찾아 낭송하고 외우고 계속 늘려가면 됩니다. 시간이 지나면서 모든 게송을 다 암기한 자신을 만나게 될 수도 있고, 심지어 게송을 짓고 있는 자신을 발견할 수도 있습니다. 내가 스마트폰을 사용하거나 운전을 할 때, 컴퓨터를 켤 때 낭송할 수 있는 **게송**을 지을 때면, 나는 나의 스승님들로부터 물려받은 전통 방식으로 지었습니다. 당신도 이제 이 전통 방식의 계승자 중 한 사람입니다. 당신 삶의 특별한 상황에 들어맞는 **게송**을 스스로 짓는다는 것은 마음챙김 수행을 위한 한 가지 훌륭한 방법입니다.

당신에게 이 **게송**들이 한결같은 기쁨을 주는 동반자가 되기를 바랍니다.

일어나기

아침에 잠에서 깨어, 나는 미소짓는다.

새로운 이십사 시간이 내 앞에 놓여있다.

모든 순간들을 충만하게 살아가리라 약속한다.

그리고 모든 살아있는 것들을 연민의 눈으로 바라보리라.

하루의 첫발을 내디디며

지구 위를 걷는다는 것은

기적이다!

마음을 기울인 모든 발걸음은

궁극의 세계를 펼쳐 보인다.

창문을 열며

창문을 열고, 나는 궁극의 세계를 만난다.

얼마나 경이로운 삶인가!

모든 순간에 마음을 기울이며

나의 마음은 고요한 강물처럼 맑다.

불을 밝히며

망각이 어둠이라면,

마음챙김은 빛이다.

나는 알아차림으로

온 삶을 비춘다.

물을 틀며

높은 산에서 물은 흘러내리고

땅속 깊은 곳으로 물은 흘러간다.

물은 우리에게 흘러온다, 기적적으로.

나는 감사함으로 충만하다.

양치질을 하며

양치질을 하고 입 안을 헹구면서

나는 순수하고 사랑스러운 말을 하겠노라 약속한다.

나의 입이 바른 말로 향기로울 때

내 마음속 정원에 한 송이 꽃이 피어난다.

거울을 바라보며

알아차림은 네 가지 원소를 비추는 거울이다.

아름다움은 사랑을 만드는 가슴이고

열려있는 마음이다.

화장실을 사용하며

더럽거나 깨끗하거나,

늘어나거나 줄어들거나,

오직 우리 마음속에서만 존재하는 개념들.

상호 의존적 존재라는 실제는 그대로 진리다.

손을 씻으며

두 손 위로 물이 흘러내린다.
이 소중한 지구를 보호하기 위해
내 두 손이 잘 쓰이기를.

목욕을 하며

나지도 않으며 멸하지도 않는,
시공을 너머
이 몸의 전승과 계승은
모든 것이 하나임을 비춘다.

몸을 씻으며

몸을 씻으며,

나의 마음은 맑아진다.

온갖 꽃으로 우주는 향기롭다.

몸과 말과 마음의 행은 고요하다.

옷을 입으며

옷을 입으며,

이 옷을 만든 사람들에게 감사하고

이 옷을 만들 수 있게 해준 재료들에 감사한다.

모든 이들이 입을 것이 충분하기를 기원한다.

인사를 하며

당신을 위해 연꽃 한 송이를,

부처가 되실 분이여.

호흡을 따라가며

숨을 들이쉬며, 나는 몸을 고요하게 한다.

숨을 내쉬며, 나는 미소 짓는다.

지금, 여기에 살면서

이 위대한 순간을 나는 안다.

아침 명상

법신法身이 이 아침을 비춘다.

집중 속에서 나의 마음은 평화롭다.

입가에 엷은 미소가 피어난다.

새로운 날이다.

마음챙김 안에서 오늘을 지내리라 약속한다.

지혜로운 태양이 떠오르고,

사방을 비춘다.

명상실로 들어가며

명상실로 들어가며,

나는 진정한 나를 본다.

앉아서

나는 모든 망상을 떨치기를 약속한다.

촛불을 밝히며

촛불을 밝히며,

수많은 부처에게 이 빛을 건네며,

평화와 기쁨의 느낌이

온 지구의 얼굴을 환하게 밝힌다.

향을 피우며

시방세계

모든 부처님과 보살님들께

감사의 마음으로 향을 올립니다.

우리의 진심어린 정진,

우리의 진심어린 알아차림,

그리고 천천히 익어가는 이해의 열매를 비추며

그것이 이 지구처럼 향기롭기를 기원합니다.

우리와 모든 생명들이 부처님과 보살님의

동반자가 되기를 기원합니다.

부디 망각에서 깨어나

우리의 참된 자성을 깨닫기를 기원합니다.

부처님을 찬탄하며

한 송이 연꽃처럼 생기있는,

북극성처럼 밝은

부처님께

나는 귀의합니다.

앉아서

여기에 앉아있는 것은

보리수* 아래에 앉아있는 것과 같다.

나의 몸은 마음챙김,

고요하고 편안하며,

어떤 장애도 없이 자유롭다.

*부처님은 보리수 나무 아래에서 깨달음을 얻으셨다._지은이

종소리를 청하며

몸, 말 그리고 마음은 완벽한 하나입니다.

나는 종소리와 함께 나의 마음을 전합니다.

부디 듣는 이들 모두 망각에서 깨어나기를

그리고 모든 불안과 슬픔을 건너가기를 기원합니다.

종소리를 들으며

부디 이 종소리가

우주 저 깊은 곳까지 들리기를 기원합니다.

가장 어두운 곳에서도,

모든 생명들이 이 종소리를 분명하게 들을 수 있기를,

그리하여 이해한다는 것이 그들 마음에 불을 밝히기를

그리고 고통 없이, 그들이

생과 사의 영역을 초월하기를 기원합니다.

내려놓으며

종소리를 들으며,

나는 모든 고통을 내려놓을 수 있다.

나의 마음은 고요하고,

나의 슬픔은 사라졌다.

더 이상 그 무엇에도 얽매이지 않는다.

나는 나의 고통의 소리를 듣는 것을 배운다

그리고 다른 이들의 고통의 소리까지도.

내 안에서 이해의 싹이 틀 때,

연민의 싹도 튼다.

마음을 가다듬으며

바람 부는 하늘의 구름처럼

느낌이 오고 간다.

의식이 있는 호흡은

나의 닻이다.

명상을 하며

숨을 들이쉬며,

나는 사랑하는 이를 안을 수 있어 행복하다.

숨을 내쉬며,

나는 그가 실제이고 나의 팔 안에서 살아있음을 안다.

명상실을 청소하며

나는 이 신선하고 고요한 방을

청소할 때,

무한한 기쁨과 에너지가

솟아오른다!

걷기 명상을 하며

마음은 온 사방으로 제멋대로 가지만,

이 아름다운 길 위에서, 나는 평화롭게 걷는다.

모든 발걸음마다 부드러운 바람이 분다.

모든 발걸음마다 꽃이 핀다.

채소를 씻으며

신선한 채소 안에서

나는 초록의 태양을 본다.

모든 현상^{dharmas*}이 함께 모여

삶을 가능하게 한다.

빈 그릇을 바라보며

나의 그릇, 지금은 텅 빈,

곧 귀한 음식으로 가득 찰 것이다.

지구 위의 모든 존재는 살기 위해 투쟁한다.

우리에게 먹을 음식이 충분하다는 것이 얼마나 다행인가.

*소문자 'd'로 시작하는 dharmas(諸法)는 현상계에 존재함으로써 우리가 경험할 수 있는 모든 것으로 모든 현상을 의미한다._지은이. Dharma는 삼보(불, 법, 승) 중 법法으로 부처님의 가르침을 의미한다._옮긴이

음식을 차리며

이 음식 안에서
나의 존재를 지원하는
온 우주의 현존을
분명하게 본다.

접시를 바라보며

음식이 담긴 이 접시,
매우 향기롭고 먹음직스러운,
그리고 수많은 고통이 또한 담겨 있다.

섭식을 위한 다섯 가지 깊은 응시

이 음식은 온 우주의 선물입니다.

하늘, 땅,

수많은 생명들,

그리고 노고와 사랑이 깃든 노동.

부디 우리가 이 음식을 받을 수 있도록

마음챙김과 감사의 마음으로 먹을 수 있기를 기원합니다.

부디 우리가 건강하지 못한 정신현상을,

특히 탐욕을

알아차리고 변화시킬 수 있기를 기원합니다.

부디 우리가 생명들의 고통을 줄이고, 지구를 보호하며

지구온난화의 과정을 뒤바꿀 수 있는

그런 방법으로 섭식함으로써

우리의 연민을 이어나가도록 기원합니다.

우리는 형제애와 자매애를 키우고, 우리의 승단을 만들며

모든 생명들에 소용이 되고자 하는 우리의 이상을

잘 가꾸어 가기 위하여

이 음식을 먹습니다.

식사를 시작하며

첫 한 입을 먹으며

나는 기쁨을 가져오는 사랑을 실천합니다.

두 번째 먹으며

나는 고통을 덜어주는 사랑을 실천합니다.

세 번째 먹으며

나는 살아있는 기쁨을 실천합니다.

네 번째 먹으며

나는 모든 존재에 대한 평등한 사랑을 실천합니다.

식사를 끝내며

나의 그릇이 비었다.

나의 배고픔은 채워졌다.

나는 모든 존재의 이익을 위하여

살아갈 것을 약속한다.

설거지를 하며

설거지를 하는 것은

아기 부처님을 목욕시키는 것과 같다.

세속적인 것은 신성한 것이다.

매일의 마음은 부처님 마음이다.

차를 마시며

내 두 손 안의 한 잔의 차,

완벽하게 지속되는 마음챙김.

나의 마음과 몸이

바로 지금, 여기에 산다.

대지와 접속하며

대지는 우리에게 생명을 가져다주고

살찌우게 한다.

대지는 우리를 다시 받아들인다.

우리는 모든 호흡 안에서 태어나고 죽는다.

손을 바라보며

결코 죽지 않는 이 손은

누구의 손인가?

과거에 태어난 사람은 누구인가?

미래에 죽을 사람은 누구인가?

종소리를 들으며

들어봐요, 들어봐요,

나를 진정한 나의 집으로

데려오는

이 경이로운 소리를.

전화기를 사용하며

말은 수천 마일을 갈 수 있다.

부디 내가 하는 말들이 서로의 이해와

사랑을 불러일으킬 수 있기를.

부디 내가 하는 말들이 보석처럼 아름답기를,

꽃처럼 사랑스럽기를.

텔레비전을 켜며

마음은 수천 개 채널이 있는

텔레비전이다.

나는 평온하고 고요한 세계를 선택한다,

나의 기쁨이 언제나 신선하기 위하여.

컴퓨터를 켜며

컴퓨터를 켜면서,

나의 마음은 의식의 저장고와 접속한다.

사랑과 이해의 싹이 자라도록 돕기 위해 습관의 에너지를

완전히 바꿀 수 있도록 나는 약속한다.

욕실을 청소하며

문지르고 닦는 것이 얼마나 대단한 일인지.

날마다,

가슴과 마음이 더 깨끗해진다.

비질하면서

내가 깨달음의 마당을

주의깊게 쓸 때,

이해의 나무는

흙으로부터 싹을 틔운다.

정원에 물을 주면서

물과 태양

초록의 이 식물들.

연민의 비가 내리면,

사막도 심지어 거대한 옥토가 된다.

나무를 심으며

나는 나를 대지에 맡긴다

대지는 자신을 나에게 맡긴다.

나는 나를 부처님께 맡긴다

부처님은 당신을 나에게 맡긴다.

꽃을 꺾으며

작은 꽃이여, 대지와 하늘의 선물인 당신을

내가 꺾어도 될까요?

고맙습니다, 보살이시여,

삶을 아름답게 만들어 주셔서.

꽃을 준비하며

우리가 견디는 것을 배우는
고통이 있는 세상에서 이 꽃을 준비하며,
내 마음의 토양은
순수하고 고요하다.

화를 보고 웃으며

숨을 들이쉬며, 나는 화를 느낀다.
숨을 내쉬며, 나는 미소짓는다.
나는 나의 호흡과 함께 있고,
그래서 나를 잃지 않을 것이다.

발을 씻으며

발가락 하나의
평화와 기쁨은
나의 온몸의
평화와 기쁨이다.

운전을 하며

운전을 시작하기 전,

나는 내가 갈 곳을 안다.

차와 나는 하나다.

만일 차가 빠르게 가면, 나도 빠르게 간다.

재활용

쓰레기 속에서, 나는 장미를 본다.

장미 속에서, 나는 쓰레기를 본다.

모든 것은 변한다, 완벽하게.

심지어 영원함도 무상한 것이다.

하루를 마무리하며

하루가 끝나가고 있고,

우리의 삶은 하루가 더 줄어들었다.

우리가 한 일을 주의 깊게 살펴보자.

온 마음을 다해 명상을 하며,

부지런히 수행하자.

시간이 의미 없이 흘러가지 않도록,

자유로움 속에서 모든 순간을 깊이 살아 보자.

부처의 길

부처의 길은 이해와 사랑의 길입니다. 앞에서 살펴보았듯이, 오로지 진정한 이해를 할 때만이 우리는 정말로 사랑할 수 있습니다. 이해한다는 것은 통찰력입니다. 사랑은 마음의 에너지입니다. 부처의 지혜는 상호 의존하며 존재한다는 것과 연기緣起에 대한 것이 가장 핵심적인 통찰입니다. 그것은 모든 편협한 마음과 차별과 증오를 완벽하게 변화시키는 힘을 가지고 있죠. 불교의 다섯 가지 마음챙김 훈련(다섯 가지 계율로 알려진)은 우리를 깊은 지혜의 길로 인도합니다.

만일 당신이 다섯 가지 마음챙김 훈련에 따라서 살아간다면, 당신 자신과 다른 많은 사람들을 위해서 수많은 행복을 만들 수 있습니다. 최근 개정된 다섯 가지 마음챙김 훈련은 진정한 전 세계적 윤리이며, 21세기의 불교 비전입니다. 다섯 가지 마음챙김 훈련을 끊임없이 수행하는 것은 평화와 기쁨을 만들어내고, 미래 세대와 우리 행성이 22세기에 가 닿을 수 있다는 어떤 희망을 주는 것입니다.

　일단 우리가 이 길에 들어서면, 우리는 더 이상 두려워할 것이 아무것도 없습니다. 부디 마음챙김 수행을 깊이 들여다보고, 그것을 당신과 당신 가족의 삶 그리고 사회 속에서 녹여내시길 바랍니다.

1.삶에 대한 경외심

●

파괴된 삶에 의해 야기된 고통을 알아차림으로, 나는 상호
존재함에 대한 통찰력과 연민을 키우고, 인간과 동물, 식물
그리고 광물의 삶까지 보호하는 방법을 배우는 데 전념합
니다. 나는 이 세상에서, 나의 생각 속에서, 또는 나의 삶의
방식 안에서 살생하지 않을 것을, 다른 이가 살생하도록 하
지 않을 것을, 그리고 그 어떤 살생 행위도 지원하지 않을 것
을 결심합니다. 결국은 이원론적이고 차별적인 생각에서 오
는 화와 두려움, 탐욕 그리고 편협함으로 인해 발생하는 해
로운 행위들을 보면서, 나는 마음을 활짝 열고 그 어떤 것도
차별하지 않으며 어떠한 관점에도 집착하지 않기 위해 수행
할 것입니다. 나 자신과 세상의 폭력과 광신주의와 교조주의
를 완전하게 변화시키기 위해서.

2.진정한 행복

●

착취와 사회적 불평등, 도둑질, 억압에 의해 야기된 고통을
알아차림으로, 나는 생각과 말과 행동에 있어 관대함을 수
행하는데 전념합니다. 도둑질하지 않고 다른 사람의 것은
그 어떤 것도 가지지 않겠노라 결심합니다. 그리고 나의 시간
과 에너지, 물적 자원은 모두 어려운 사람들과 함께 하겠습
니다. 다른 이들의 행복과 고통이 결코 나의 그것들과 분리
되어 있지 않음을 이해하기 위하여 깊이 바라보는 수행을 할
것입니다. 그러한 진정한 행복은 이해와 연민 없이는 가능하
지 않다는 것을 알고, 부와 명성과 권력 그리고 감각적 즐거
움을 쫓는 것은 더 많은 고통과 절망을 수반한다는 것을 이
해하기 위하여 수행하겠습니다. 행복은 나의 정신적 태도에
달려 있고 외부 조건과 관련되는 것이 아님을 나는 알아차립
니다. 그리고 행복하기 위해서 나는 이미 충분한 조건 그 이

상을 가졌다는 것을 기억함으로써 지금, 여기에서 행복하게 살 수 있음을 알아차립니다. 지구상의 모든 생명들의 고통을 줄일 수 있도록 돕기 위하여, 그리고 지구온난화의 과정을 되돌려놓기 위하여 올바른 생계를 실행하도록 전념합니다.

3. 진정한 사랑

●

성범죄로 인해 야기되는 고통을 알아차림으로, 나는 책임감을 키우고 개인과 연인들, 가족 그리고 사회의 안전과 온전함을 지킬 수 있는 방법을 배우는 것에 전념합니다. 성적 욕망은 사랑이 아니고, 갈애에 의해 일어나는 성행위는 언제나 다른 이는 물론 나 자신도 해칠 수 있음을 알기에, 진정한 사랑과 깊고 오랜 헌신이 없다면 성관계를 갖지 않을 것을 결심합니다. 성적인 학대로부터 아이들을 보호하고, 연인들과 가족들이 성범죄로 산산조각 나는 것을 막기 위해 나는 내 능력 안에서 모든 것을 할 것입니다. 몸과 마음이 하나임을 알기에, 나의 성적 에너지를 잘 돌보는 적절한 방법을 배우고, 자애와 연민, 기쁨 그리고 포용력(이 네 가지는 진정한 사랑의 기본 요소입니다)을 함양하는데 전념합니다. 이는 나와 다른 사람들의 더 큰 행복을 위해서입니다. 진정한 사랑을 실천하면서, 우리는 미래를 향하여 꾸준히 이를 실행해 나갈 것입니다.

4.사랑의 말과 깊은 경청

●

부주의한 말들과 다른 사람의 말을 경청하지 않아 생기는 고통을 알아차림으로, 나는 사랑의 말들과 연민 어린 경청의 마음을 키우기 위해 전념합니다. 이는 나 자신과 다른 사람들, 민족과 종교, 국가들 사이의 고통을 경감시키고, 화해와 평화를 증진하기 위함입니다. 말이 행복과 고통을 만들어내는 것을 알기에, 나는 자신감과 기쁨, 희망을 불러일으킬 수 있는 언어를 사용하면서 진심 어린 말을 하기 위해 전념합니다. 화가 났을 때, 나는 말을 하지 않기로 결심합니다. 나의 화를 알아차리고 깊이 들여다보기 위해서 마음챙김으로 호흡하고 걷는 수행을 할 것입니다. 화의 근원이 나의 잘못된 인식과 자신과 다른 사람들의 고통에 대한 이해의 부족에 뿌리내리고 있음을 압니다. 나와 다른 사람들이 고통을 변화시키고 어려운 상황에서 벗어날 수 있는 방법을 알 수 있도록 나는 말할 것이고 들을 것입니다. 내가 모르는 확실하지 않은 소식은 퍼트리지 않을 것이며 분열과 불화를 일으키는 말들은 하지 않을 것을 결심합니다. 이해와 사랑과 기쁨, 포용력을 키우기 위하여, 나의 의식 깊은 곳에 자리한 화와 폭력 그리고 두려움을 점진적으로 변화시키기 위하여, 성실하게 수행할 것입니다.

5.자양분과 치유

●

부주의한 소비로 인해 야기된 고통을 알아차림으로, 나는
나 자신과 가족, 사회를 위해 주의깊은 섭식과 소비를 함으
로써 좋은 육체적, 정신적 건강 상태를 증진시키기 위해 전
념합니다. 내가 어떻게 네 가지 종류의 자양분*을 소비하는
지 깊이 들여다보는 수행을 할 것입니다. 네 가지 자양분은
먹을 수 있는 음식$^{Edible\ foods}$, 감각 느낌으로 인해 일어나는 의
식$^{Sense\ impressions}$, 자유의지^{Volition}와 의식^{Consciousness}**을 말합니
다. 나는 도박을 하지 않고 알코올과 마약을 하지 않으며,
독소가 있는 웹사이트나 전자 게임, 텔레비전 프로그램, 영
화, 잡지, 책 그리고 대화, 그 어떤 것들도 사용하지 않기 위
해 단호하게 결심합니다. 나의 내면과 주변에 있는 생기 있고

*네 가지 종류의 음식._옮긴이
**네 가지 자양분: 네 가지 종류의 음식을 말하며, "마음챙김의 소비"에 자
  세히 설명되어 있다._옮긴이

치유와 양분이 되는 요소들과 접속하기 위해 지금, 여기로 돌아오는 수행을 할 것입니다. 후회와 슬픔이 나를 과거로 끌고 가게 하지 않을 것이고, 불안과 두려움, 갈망이 나를 지금, 여기에서 이탈하게 하도록 하지 않을 것입니다. 소비행위를 하면서 잃어버린 나 자신으로 인해 야기된 외로움과 불안 또는 고통을 감추려고 애쓰지 않겠노라 결심합니다. 나는 상호 의존하는 존재에 대하여 깊이 응시할 것이며, 나의 몸과 의식, 가족과 사회, 지구의 모든 인간들의 몸과 의식의 평화와 기쁨 그리고 행복을 보호하는 방식으로 소비할 것입니다.

●본문에 소개된 책들

●

오래전, 거의 일 년 동안 식물인간 상태로 계시던 어머님이 돌아가셨다. 나는 어머님 곁에서 임종을 지켜보았다. 어머님이 갑자기 긴 숨을 토해내시는 걸 보면서 그것이 마지막 숨이라는 것을 직감했다. 지금 생각해도 이상하리만치 나는 전혀 동요하지 않았고, 그렇게 어머님과 이생에서의 작별 인사를 했다. 그리고 나도, 어머니의 자궁 안 따뜻한 물속에서 세상으로 밀려 나오면서 뭍에서의 첫 숨을 쉬었다. 아니 그랬을 것이다. 기억 속엔 없으므로. "으앙!"

인간의 탄생과 죽음은 한 번의 숨으로 시작되고 마무리된다. 그리고 그 탄생과 죽음 사이의 숨쉬기는 단 한 순간도 멈추지 않는다. 죽음보다 깊은 잠을 잘 때도 숨을 쉰다. 단지 의식을 못하는 것뿐이다. 그러나 어디 잠잘 때만 의식하지 못하는가? 아니다. 우리는 일상생활을 하는 동안 자신이 숨을 쉬고 있다는 것을 거의 의식하지 못하고 하루를 보낸다. 저절로 되는 것이므로. 심장이 저절로 뛰는 것처럼. 단, '살아있음'이 유일한 조건이다.

내가 살아있다는 것을 의식적으로 떠올리거나 심지어 감사하다는 생각은 거의 하지 않고 살았다. 그보다는 왜 사는지, 도대체 사는 게 왜 이렇게 힘든지, 이 괴로움이 언제 끝날지, 끝은 있는 건지 등등 칠흑 같은 어둠 속에서 움쩍달싹도 못하고 거친 숨만 몰아쉬고 있었다. 그러던 어느 날부터 절을 하기 시작했다. 살고 싶어서. 그냥 무조건 엎드렸다. 온몸이 방바닥보다 더 깊은 곳으로, 더 낮은 곳으로 떨어지도록 절을 했다. 얼마나 지났을까? 어느 날 스님 한 분이 책을 한 권 건네주셨고 작은 소리로 한마디 하셨다. "수행이 아주 깊은 분이세요." 그렇게 틱낫한 스님을 처음 만났다. 오래전 일이다. 그리고 그 책을 번역했고, 지금 옮긴이 후기를 쓰고 있다. 지나간 시간은 이제 거의 생각도, 기억도 안나는, 바로 지금, 여기를 잘 살아가는 게 살아있음의 다름 아님을 삶 속에서 증명하면서 말이다.

지금, 이 순간, 한 생각이 나를 만들고 온 세상을 창조하는 것이라고 배웠다. 그리고 그것이 진실임을 이젠 안다. 과거와 현재, 미래가 지금, 이 순간 다 함께 내 눈 앞에 펼쳐지고 있음을 알 것 같다. 방금 전 나의 호흡은 지금 없다. 그러나 그 호흡이 없었다면 지금 호흡도 없다. 내 몸의 세포도 찰나지간에 나고 죽고 한다. 세포는 몸일 뿐이라고? 나의 감정과 생각과 느낌도 결코 머무르지 않는다. 단지 내가 꼭 붙잡고 있는 것이다. 이거다 저거다 분별하면서. 무지해서! 그래서 지금, 이 순간 올라오는 생각과 감정과 느낌을 알아차리는 것이 중요하다. 휩쓸려가지 않기 위해. 천천히 숨을 고르면서 나의 마음을 마주 보는 것, 즉 알아차림은 바로 나를 정면으로 바라보는 것이다. 살아있는 나를 있는 그대로 보는 일이다. 추한 모습일수록 더 눈 크게 뜨고. 그다음은, 이해와 사랑으로 깊숙이 안아 달라는 목소리가 들려온다. 최선을 다했다, 수고했다라는 음성도 함께.

"인간은 호흡을 고를 수 있는 유일한 동물이다."

이 책을 손에 들고 한 글자, 한 글자 읽어 내려가시는 분들 모두 부디 지금 살아 숨 쉬고 있음을 온몸으로 느껴보시기를 바란다. '나'를, 그 순간, 그 자리에 있는 자신을 경험한다. 생각 속의 내가 아니고, 이미지 속의 내가 아니고, 타인에 의해 정의된 내가 아니고, 거대한 시스템 속의 부품으로써의 내가 아니고 진짜 나를 경험하게 된다. 늘 나와 함께 하는 '나'. 보고 듣고 느끼고 아는, 생생하게 살아있는 '나'. 바로 지금, 숨을 쉬고 심장이 뛰는 '나'를 만나시기를!

2023년 9월 위소영

숨 쉴 때마다 평화로워라   지은이 틱낫한 옮긴이 위소영 발행인 이연창 펴낸곳 도서출판 지영사 주소 서울특별시 성북구 성북로 28길 40 낙원연립 다-102호 전화 02 747 6333 팩스 02 747 6335 이메일 maitriclub@naver.com 등록 1992년 1월 28일 제1-1299호. copyright(c) 도서출판 지영사, 2023, printed in korea. ISBN 978-89-7555-200-7 03220 값 16,000원 발행일 2024년 1월 16일 초판인쇄, 초판 발행 2024년 1월 25일

이 책의 한국어판 저작권은 EYA Co.,Ltd를 통해
HarperOne, an imprint of HarperCollins Publishers 사와 독점계약한
지영사에 있습니다. 저작권법에 의하여 한국 내에서 보호를 받는 저작물이므로
무단전재 및 복제를 금합니다.

정신문화를 귀하게 여기는 당신을 초대합니다!

마이트리 클럽
Maitri Club

산스크리트어로 '마이트리Maitri'는 사랑을 의미하며 한자 '자慈'로 표현합니다.
이 사랑은 행복을 다른 사람에게 옮겨줄 수 있는 능력을 가진 사랑입니다.
이 사랑은 모든 사람, 모든 생명에게로 확대됩니다.
이 사랑은 분별심이나 '나의 것'이라는 집착도 없습니다.
이 사랑이 있으면 인생은 평화와 기쁨과 만족으로 가득 찹니다.

도서출판 지영사는
2005년 티벳 불교의 중요 논서인 『깨달음에 이르는 길』(쫑카파 지음/청전스님 옮김)을 출판 계기로 19종 이상의 불교 서적, 특히 티벳 불교 서적과 『가이아 아틀라스』, 『1948, 칼 마이던스가 본 여순사건』 등 역사와 환경 관련 책을 출판했습니다.

지영사는 사람과 자연 모두를 위한 명상과 환경 출판을 하고 있습니다.
정신문화를 귀하게 여기고 뭇 생명을 사랑하는 여러분의 후원을 기다립니다.
여러분의 참여는 바로 사랑입니다.

■방법■
1. 매월 형편에 따라서 1만원, 2만원, 3만원, 5만원 중 하나로 후원할 수 있습니다.(출금은 5일 혹은 25일 온라인 자동이체입니다.)
2. 후원 회원들에게는 지영사에서 출간하는 도서 1권씩을 증정하고, 도서 1권을 구입하더라도 주주에 준하는 할인 혜택을 드립니다.
3. 네이버 블로그 〈http://blog.naver.com/maitriclub〉을 통해 교류하겠습니다.
4. 궁금한 내용은 전화나 이메일로 문의해 주십시오.

지영사후원회원 (마이이트리클럽) 가입신청서

지영사
서울시 성북구 성북로 28길 40
t. 02-747-6333 / f. 02-747-6335
e. maitriclub@naver.com

성명			생일			휴대폰	

주소					email		

CMS자동이체

은행		예금주 성명			예금주 주민번호(앞자리)		

계좌번호					출금일	□5일	□25일

출금액	□10,000원	□20,000원	□30,000원	□50,000원	추천인	

[개인정보 수집 및 이용 동의]
–수집 및 이용목적: CMS 출금이체를 통한 요금수납
–수집항목: 성명, 전화번호, 휴대폰번호, 금기관명, 계좌번호
–보유 및 이용기간: 수집, 이용 동의일로부터 CMS 출금이체 종료일(해지일) 후 5년까지
–신청자는 개인정보 수집 및 이용을 거부할 권리가 있으며, 권리행사시 출금이체 신청이 거부될 수 있음.

동의함□   동의안함□

[개인정보 제3자 제공동의]
–개인정보를 제공받는 자: 사단법인 금융결제원 ·K소프트
–개인정보를 제공받는 자의 개인정보 이용목적: CMS출금이체 서비스 제공 및 출금동의 확인, 출금이체 신규등록 및 해지 사실 통지
–제공하는 개인정보의 항목: 성명, 금융기관명, 계좌번호, 생년월일, 전화번호, (은행 등 금융회사 및 이용기관 보유) 휴대폰번호
–개인정보를 제공받은 자의 개인정보보유 및 이용기간: 출금이체 서비스제공 및 출금동의 확인목적을 달성할 때까지
–신청자는 개인정보에 대해 금융결제원에 제공하는 것을 거부할 권리가 있으며, 거부시 출금이체 신청이 거부될 수 있습니다.

[출금이체 동의여부 및 해지사실 통지안내]
은행 등 금융회사 및 금융결제원은 CMS제도의 안정적 운영을 위하여 고객의 (은행) 등 금융회사 및 이용기관 (보유) 연락처 정보를 활용하여 문자메시지, 유선 등으로 고객의 출금이체 동의여부 및 해지사실을 통지할 수 있습니다.

상기 금융거래정보의 제공 및 개인정보의 수집 및 이용, 제3자 제공에 동의하며 CMS 출금이체를 신청합니다.

※개인정보 제공동의 □(체크해주세요)
문자메시지, 유선 등으로 출금이체 동의여부 및 해제사실 통지안내를 위한 개인정보 제공에 동의합니다.

도서출판 지영사 후원회원 가입을 신청합니다.   20   년   월   일

신청인   인(서명)
(신청인과 예금주가 다른 경우) 예금주   인(서명)